8050
H.

LES RUES DE PARIS,

AVEC

LES QUAYS, PONTS, Fauxbourgs, Portes, Places, Fontaines, Palais, Hôtels, Hôtelleries, Eglises, Chapelles, Communautés Religieuses, Hopitaux & Colleges.

Le tout marqué par tenans & aboutissans, & réduit par ordre Alphabétique pour la commodité des Etrangers, Avocats, Procureurs, Huissiers, Messagers, Facteurs, Crieurs, &c.

Nouvelle Edition corrigée & augmentée des Académies, des Bibliothéques publiques & particuliéres, des Boëtes pour les Lettres, des Barriéres des Huissiers, des Bureaux du papier Timbré, des Foires de Paris & de plusieurs autres particularités historiques.

A PARIS,
De la Boutique de feüe Madame Oudot,
Chez la veuve JOMBERT, Libraire, à l'entrée de la rue de la Harpe.

M. DCC. XXII.
AVEC PRIVILEGE DU ROY.

PREFACE.

LOIN de blâmer ce qui s'est fait jusqu'à présent sur le sujet des Rues de Paris, j'ai tout lieu au contraire de loüer les personnes qui se sont donné la peine d'y travailler, puisqu'elles n'ont pas peu contribué à soulager le Public par les soins qu'elles ont apporté pour réduire les choses dans un bon ordre. Mais comme depuis tant d'années la Ville de Paris a été augmentée considérablement, & que le travail de nos anciens Auteurs demeure presqu'inutile par raport à tous les changemens qui s'y trouvent; j'ai pris le parti de tracer sur l'idée qu'ils m'en ont donné, un nouveau recueil de ces Rues. Je me suis d'abord fait un précis d'abréger une matiere qu'ils avoient rendue si diffuse; & sans embarrasser le Lecteur d'une quantité de tenans & aboutissans le plus

PREFACE.

souvent inutiles, j'ai marqué seulement quelques aboutissans avec les Quartiers où les Rues sont scituées.

Ce n'est qu'à l'exemple de ces premiers Auteurs que j'ai fait de nouvelles recherches sur l'agrandissement de Paris pour les Etrangers qui m'ont paru en avoir plus besoin que tout autre; & comme parmi eux il s'en trouve qui ne sçavent pas parfaitement la langue Françoise, j'ai tâché de ne point leur surcharger la mémoire de termes difficiles & inconnus qui les rebutent ordinairement par la peine qu'ils ont à s'en ressouvenir. Ainsi j'ai continué un ouvrage déja commencé pour leur commodité & pour le soulagement de ceux qui ont des affaires dans cette Ville. Je l'ai réduit dans un ordre Alphabétique, afin de trouver plus aisément les lieux où l'on veut aller. J'ai eu soin en même tems, comme il y a plusieurs Rues qui portent le même nom, de les enseigner par leurs quartiers & les aboutissans les plus

PREFACE.

connus & les plus uſités. On peut bien s'imaginer que ces recherches ont demandé de l'aſſiduité, & qu'il a fallu faire de fréquentes allées & venues dans cette grande & fameuſe Ville pour découvrir les endroits les plus cachés & les particularités les plus anciennes qu'elle renferme dans ſon vaſte ſein.

J'oſe eſperer après cela que ce Recueil ſera reçû favorablement, & je l'eſpere avec d'autant plus de confiance qu'il n'a point encore paru ſi ample, ni ſi bien diſpoſé. Ceux qui auront lû celui que M. Colletet a mis au jour, il y a déja pluſieurs années, connoîtront bien que c'eſt ſur lui que l'on a pris modéle. Et en éfet de tous les Auteurs qui y ont travaillé avant lui, c'eſt à lui ſeul que les Etrangers doivent le plus d'obligation d'avoir pris le ſoin de les mettre à la portée de vacquer avec facilité à leurs affaires.

Mais comme il ſe pourroit faire que quelques perſonnes ne trouve-

PREFACE.

roient pas certaines Rues placées dans un ordre plus convenable, j'ai cru devoir en avertir. Par exemple, j'ai mis dans les lettres DA les rues d'*Argenteüil*, d'*Anjou*, & dans les lettres DE les rues d'*Enfer*, d'*Ecoſſe* pour les raiſons que j'ai apportées dans l'obſervation qui eſt dans le corps de cet Ouvrage au commencement des lettres D A. On trouvera auſſi les rues de l'*Arbreſec* & de l'*Empereur* dans le lettres LA & LE avec pluſieurs autres où ſe fait pareille éliſion. Je croi que le Public m'approuvera là-deſſus. Au reſte ſi j'ai manqué à quelque choſe d'eſſentiel, je ſupplie ceux qui s'en feront apperçus, ou qui depuis moi auront fait quelques découvertes, de m'en faire part en affranchiſſant les ports; & ils s'adreſſeront pour cela ou à Paris, ou à Troyes aux Libraires dont les noms ſont au commencement & à la fin de ce Livre.

TABLE DES MATIERES.

Les Rues de Paris. page 1
Les Carrefours. 22
Les Cimetieres. 30
Les Cloîtres de la Ville & des Fauxbourgs. 34
Les Cours, ou Paſſages d'une Rue à une autre. 43
Les Enclos de la Ville & des Fauxbourgs. 55
Les Marchés de la Ville & des Fauxbourgs. 100
Les Quays. 157
Les Ponts. 161
Les Fauxbourgs. 164
Les Portes. ibid.
Les Portes anciennes. 165
Les Places. 167
Les Fontaines & Pompes. 173
Les Palais & Hôtels. 178
Les Hôtels garnis. 196
Les Hôtelleries. 208
Les Egliſes, Chapelles & Communautés Religieuſes de la Ville & des Fauxbourgs. 214
Les Hopitaux de la Ville, & des Faux-

TABLE DES MATIERES.

bourgs.	234
Les Colléges & Ecoles publiques.	237
Les Académies.	242
Les Bibliothéques publiques.	244
Les Bibliothéques particulieres.	245
Les Boëtes pour les Lettres.	246
Les Barrieres des Huissiers.	248
Les Bureaux du papier Timbré.	249
Les Foires de Paris.	250

Fin de la Table.

LES RUES

LES RUES DE PARIS,

AVEC

Les Fauxbourgs, les Eglises, les Monastéres, les Chapelles & les Colléges ; le tems de leur fondation, & plusieurs autres particularités historiques ; les Places, Ponts, Portes, Fontaines, Palais & Hôtels marqués par leurs tenans & aboutissans.

A B

RUE *Abbatiale*, Quartier de S. Germain des Prez, d'un bout au petit marché de la rue sainte Marguerite, traversant la boucherie, & de l'autre à la grille du Palais Abbatial.

A I

Aîle du Pont Marie, Quartier S.

A M

Paul : voyez ci-après P O.

A M

Rue des *Amandiers*, au haut de la montagne sainte Geneviéve, proche saint Etienne du Mont.

Rue des *Amandiers*, ou Chemin Verd, près les Annonciades de Popinçourt, fauxbourg S. Antoine.

A N

Rue *S. Anastase*, d'un bout à la rue S. Loüis au Marais, quartier du Temple.

Rue neuve de *S. Anastase*, d'un bout à la rue S. Paul devant le portail de l'Eglise, & de l'autre à la rue des Prêtres de S. Paul.

Rue *S. André des Arts*, qui commence au bout du pont S. Michel, & finit à la porte de Buffy.

Rue *S. André*, fauxbourg S. Antoine, d'un bout à la folie Regnault, & de l'autre aux Plâtrieres de la folie Regnault.

Rue des *deux Anges* : voyez DE ci-après.

Rue des *Anglois*. Il y en a deux; la premiere à la rue Galande, qui aboutit à la rue des Noyers, Quartier de la place de Maître Aubert, & par corruption Maubert.

A N

Autre rue des *Anglois*, vers la rue Beaubourg au Quartier & rue ſaint Martin, dit Cul de ſac des Anglois.

Rue *Sainte Anne*. Il y en a trois; la premiere, proche le marché aux chevaux de la Porte S. Honoré, qui va aux Remparts, & aboutit à la Porte de Richelieu.

La ſeconde proche le Palais, dans la rue S. Loüis qui rend dans une des cours près la fontaine du même nom, quartier de la Cité.

La troiſiéme, à la nouvelle France, Quartier S. Denis.

Rue *S. Antoine*. Il y en a trois; la premiere qui eſt la grande rue de la Ville, prend dequis la Porte Baudet juſqu'à la Porte S. Antoine.

La ſeconde, depuis ladite Porte qui eſt le Fauxbourg, juſqu'aux villages circonvoiſins.

La troiſiéme eſt la rue nouvellement faite, appellée Neuve S. Antoine dans le même quartier.

Rue *Annequin*, & par corruption Hennequin: voyez HE ci-après.

A P

Rue *Neuve S. Apoline*, ou des Foſſez S. Denis, aboutit à la rue ſainte

A P

Anne à la nouvelle France, & à la Porte S. Denis.

Deuxiéme rue *sainte Apoline*, ou de Bourbon sur le rempart, aboutit rue S. Martin près la Porte, & au nouveau Cours & à la rue de Mesle, ou Meslai, quartier S. Martin.

Rue *Apentiere*, Carpentiere, ou Charpentiere, d'un bout à la rue du Gindre, & l'autre à la rue Cassette, quartier du Luxembourg.

A R

Rue *Arondelle*, Hyrondelle, ou de l'Hyrondelle, ces trois noms-là se disent, mais le meilleur est rue de l'Hyrondelle : voyez HY.

Rue *Argenteüil*, ou d'Argenteüil : voyez ci-après DA.

Rue *Arriane*, Arrienne, ou de l'Arriane, a un bout à Puits d'amour, & l'autre à la rue S. Denis, quartier de la Halle.

Rue *Arbalête* : voyez ci-après LA.

Rue *Arbre-Sec* : voyez ci-après LA.

A S

Rue des *Assis*, ou des Arcis d'un bout aux coins des rues des Lombards & de la Verrerie vis-à-vis la rue S. Martin, & de l'autre aux coins des rues de S. Jacques de la Boucherie & de la Vannerie vis-à-vis la rue Planche-Mibray.

A U

Rue *Aubri-Bouché*, ou Aubri-le-Boucher, d'un bout à la rue S. Martin & de l'autre à la rue S. Denis.

Rue *Auxfeves*, par corruption Auxfers, donne d'un bout à la Fontaine des Innocens, & de l'autre à la Halle aux Poirées.

Rue *Aufevre* devant la petite porte de S. Germain le vieil, & qui aboutit à la rue de la Calandre vis-à-vis fainte Croix de la Cité, quartier de la Cité.

Rue *Saint Augustin*, proche la porte Royale dite de Richelieu, quartier de la rue neuve S. Augustin, & dit quartier Montmartre.

Il y a plusieurs autres rues de ce nom-là. La premiere appellée des *Grands Augustins*, autrement dite des Charités, d'un bout au Quay des Augustins, & de l'autre à la rue S. André des Arts, même quartier.

La seconde dite des *Petits Augustins*, au Faubourg S. Germain d'un bout au Quay des *Théatins*, & de l'autre à la rue du Colombier.

La troisiéme appellée des *Vieux Augustins*, d'un bout à la rue Montmartre, & à la rue coquilliere de l'autre.

La quatriéme nommée rue neuve de *S. Augustin*, ou neuve des filles S. Thomas, vers la Porte S. Honoré aboutissant aux remparts.

Rue des *Audriettes* : voyez ci-après HA.

Rue des *Aveugles*, Fauxbourg S. Germain proche la rue du vieux Colombier.

Rue *Aumer*, ou saint Omer, d'un bout à la rue S. Martin, & de l'autre à la rue Transnonain, proche S. Nicolas des Champs.

Rue *Ste Avoye*, vers la rue sainte Croix de la Bretonnerie aboutissant à la rue du Temple, quartier sainte Avoye.

B A

Rue *S. Barthelemi*, proche le Palais & le cul de sac du même nom, quartier de la Cité.

Rue de la *Barillerie*, vis-à-vis le Palais, quartier de la Cité.

Rue *Ste Barbe*, vers la Porte S. Denis à la Villeneuve.

Rue *Barbette*, proche la vieille rue du Temple, quartier S. Antoine.

Rue du *Baril neuf*, ou du petit Bac, proche le Cherche-Midi, au Fauxbourg S. Germain des Prez.

La grande rue du *Bac* aboutit d'un bout à la rue de Séve, & de l'autre au Quai des Théatins, vis-à-vis le Pont Royal des Thuilleries.

Rue du *Petit Bac*, d'un bout à la rue de Séve, & de l'autre à la rue des vieilles Thuilleries, quartier S. Germain des Prez.

Rue *Barre-du-Bec*, proche la rue de la Verrerie, quartier de S. Mederic, ou de Ste Avoye.

Rue *Baillet*, vis-à-vis la porte de la Monnoye, quartier du Louvre.

Rue de *Bailleul* aboutit dans la rue de l'Arbre-sec, quartier du Louvre.

Rue des *Ballets*, d'un bout à la rue S. Antoine, & de l'autre à la rue du Roi de Sicile vis-à-vis l'Hôtel de la Force, quartier S. Antoine.

Rue des *Barrieres*, ou des Barres, d'un bout vis-à-vis la rue de la Mortellerie, aux coins des rues du Figuier & de l'Etoille au carefour de l'Hôtel de Sens, & de l'autre à la rue du Port S. Paul.

Rue de *Petites Barrieres*, ou rue de l'Etoille : voyez ci-après LE.

Rue *Baſſe-Villeneuve* aboutit aux rues de Clery, de Beauregard, de la Lune, neuve des Filles-Dieu, ou foſſez S. Denis, & finit à la Porte ſaint Denis.

Rue *Baliſre*, vers la rue des bons Enfans & des petits Champs.

Rue *Barentin*, vers la rue de la Tixerandrie, quartier de la Gréve.

Rue de *Bagneux* a un bout à la rue de Vaugirad, & l'autre au coin de la rue du petit Vaugirard, quartier du Luxembourg.

Rue des *Barres* où ſont les Sœurs de la Croix, d'un bout à la rue de la Mortellerie, & de l'autre à la rue S. Antoine.

Rue *Baſville* a une iſſue dans la cour neuve du Palais, & l'autre à la rue de la Moignon, enclos du Palais.

Rue *Baudoirie*, ou du Poirier, a un bout à la rue neuve S. Mederic, & l'autre aux coins des rues Maubué & Simon-le-Franc, quartier S. Martin.

Cul de ſac de ladite rue, appellé Baudoirie.

Cul de ſac ou Cour de *Baviere*, proche ſainte Geneviéve du Mont, rue Bordet.

Rue *Baujolois*, c'est Beaujolois : voyez ci-après BE.

Rue de *Babilone* aboutit à la rue de Bracq & à la plaine de Grenelle.

Rue *Baillif* a un bout aux coins des rues des bons Enfans, & l'autre à la rue des petits Champs.

Rue du *Banquier* a un bout à la rue Gautier-Regnault devant la Maison Royale des Gobelins, & l'autre à la campagne, Fauxbourg S. Marcel.

Rue de la *Barre*, au Fauxbourg S. Marcel où est Scipion, aboutit à la rue des Francs-Bourgeois, & à la rue du Fer-à-moulin.

Rue de la *Barriere*, Fauxbourg S. Marcel, d'un bout au champ de l'Allouette, & de l'autre aux champs.

Rue de la *Barouilliere*, proche l'Hôpital des Incurables, quartier du Luxembourg.

Rue *Basfour*, dans la rue S. Denis proche le Ponceau & le Cul de sac de la même rue, quartier S. Denis.

Rue du *Bâton Royal* ; elle a trois noms : voyez ci-après TR.

Rue *Basse de l'Hôtel des Ursins*, proche S. Landry, quartier de la Cité.

Rue du *Battoir*, proche la rue Haute-Feüille, quartier S. André des Arts.

Seconde rue du *Battoir*, Fauxbourg S. Marcel, proche la rue Coupeaux.

Rue de *Basfroid* a un bout à la rue de la Roquette & par corruption rue de la Raquette, vis-à-vis la rue de Popincourt, & de l'autre à la rue de Charonne, vis-à-vis la Paroisse de Ste Marguerite, Fauxbourg S. Antoine.

Cul de sac de la petite *Bastille*, quartier du Louvre.

B E

Rue *Beaubourg*, quartier de la rue S. Martin entre les rues Grenier saint Ladre, vulgairement dites S. Lazare & S. Simon-le-Franc.

Rue *Beaujolois*, ou Baujolois, aboutit à la rue Forêt & à la rue de Bretagne, quartier du Marais.

Rue de *Beaune*, d'un bout à la rue de l'Université, traversant les rues de Verneüil & de Bourbon, & finit au Quai des Théatins vis-à-vis le Pont Royal.

Rue *Beauregard*, vers la Villeneuve proche la Porte S. Denis.

Rue *Beaurepaire*, d'un bout à la rue Montorgueil vis-à-vis la rue des deux Portes, quartier S. Denis.

Rue de *Beausse*, au Marais du Temple, proche la rue Cordiere.

Rue *Beautreillis*, ou Jean-Treillis, au quartier S. Antoine, vis-à-vis la rue Royale.

Rue de *Beauvais*, proche la rue Frémenteau au quartier de la rue S. Honoré.

Rue *S. Benoît* au Fauxbourg saint Germain des Prez, proche la rue de Taranne.

Rue *Beliere*, proche les Religieuses de la Miséricorde aprochant S. Sulpice.

Rue de *Bercy*, au quartier du Cimetiére S. Jean, vers les rues de la Verrerie & Bourtibourg.

Autre rue de *Bercy* aboutit rue de la Rapée & dans les champs, au Fauxbourg S. Antoine.

Rue de *Beauve*, quartier S. Germain des Prez.

Rue *S. Bernard*, a un bout à la rue du Fauxbourg saint Antoine devant l'Abbaye, & l'autre à la Paroisse Ste. Marguerite.

Rue *Beuriere*, ou Breneuse, donne d'un bout à la rue du Four, & de l'autre à la rue du vieux Colombier, quartier du Luxembourg.

Rue de *Belle Chasse* a un bout à la

A 6

rue saint Dominique devant les Religieuses de Belle-Chasse, & l'autre au bord de la riviere traversant les rues de l'Université, de Bourbon & le Pré aux Clercs, quartier S. Germain des Prez.

Rue de *Berger*, Fauxbourg & quartier saint Denis.

Cul de sac de *Berthaud*, quartier S. Martin, il y a deux noms : voyez ci-après TR.

Rue *Bertin-Poirée*, depuis la rue S. Germain l'Auxerrois jusqu'à la rue des Boules, quartier S. Opportune.

Rue des *Bernardins* proche S. Nicolas du Chardonnet, quartier de la Place Maubert.

Cul de sac de ladite Rue, appellé Cloître des Bernardins.

Rue de *Berry* au Marais du Temple devant la rue Charlot, autrement dite d'Angoumois.

Rue *Bertaut*, dit Cul de sac de la Truite dans la rue Beaubourg, quartier S. Martin.

Rue *Bercy* vers la rue de l'Arbre-sec au quartier saint Germain l'Auxerrois.

B I

Rue e *Bievre* d'un bout à la place Maubert & de l'autre aux grands Degrez.

Grande rue de *Bievre*, ou des Gobelins : voyez cy-après GO.

Petite rue de *Bievre* quartier de la place Maubert.

Rue des *Billettes* d'un bout à la rue Ste. Croix de la Bretonnerie, & de l'autre à la rue de la Verrerie quartier Ste Avoye.

B L

Rue *Blanche*, ou de la Croix blanche voyez : cy-après HE; elle a quatre noms.

Rue des *Blancs-Manteaux*, au quartier de la rue Sainte Avoye d'un côté, & de l'autre à la vieille rue du Temple.

Le petit *Cul de sac* rue des Blancs Manteaux, anciennement dit de Novian & de Pequay : voyez ci-après P I.

B O

Rue du *Bœuf*, proche S. Mederic, quartier S. Martin.

Cul de sac du *Bœuf*, même quartier.

Rue du *Pied de Bœuf* : voyez ci-après P I.

Rue & Cour des *Bœufs* : voyez cy-après C O.

BO

Rue *S. Pierre aux Bœufs*: voyez ci-après PI.

Rue du *Verd Bois*: voyez ci-après VE.

Rue de *l'Epée de Bois*: voyez ci-après LE.

Il ne faut pas trouver mauvais de ce que l'on fait tant de renvois, la raison est que bien des gens lisant sans attention, il suffit qu'ils trouvent le mot de *Bœuf* ou de *Bois*, &c. sans remarquer qu'il y a autre chose devant comme *Pied* ou *Verd*, &c. Ainsi cet avertissement servira aussi pour les autres renvois qui se trouveront dans la suite.

Rue *S. Bon*, derriere saint Méderic vers la rue Jean-pain-mollet, quartier de la Gréve.

Rue du *Bon Puits*, attenant la rue S. Victor d'un bout, & de l'autre à la rue Traversiére.

Cul de sac de la rue du *Bon Puits* aboutit rue du même nom.

Rue *neuve Boucherat* aboutit Carrefour des filles du Calvaire vis-à-vis la rue S. Loüis, & l'autre à la rue d'Angoumois, quartier du Marais.

Rue de la *Bonne Morue* d'un bout au Faubourg S. Honoré, & de l'autre à la porte du Cour de la Reyne.

Rue des *Boulevards* d'un bout à la rue de Montreüil, & de l'autre à la rue de Charonne & Croix-fauxbin. Faubourg faint Antoine.

Le long des Boullevards par le moïen des Cours qui font deffus, l'on fait le tour de la Ville, c'eft même des lieux de promenades où l'on a le plaifir de voir d'un côté de très belles & magnifiques Maifons fuperbement bafties ; & de l'autre la Campagne.

Rue des *Bons Enfans* au quartier S. Honoré, proche le Palais Royal.

Rue neuve des *Bons Enfans* a un bout à la rue des bons enfans au coin de la rue Baillif, & l'autre au coin de la rue neuve des petits Champs. quartier de la Place des Victoires.

Rue de la *Boucherie*, quartier de la rue S. Honoré aboutit rue de Richelieu.

Rue de la *Boucherie*, ou cour de la Boucherie, quartier de S. Honoré: voyez CO cy-après.

Rue des *Boucheries* F. S. Germain, vis-à-vis la Barriere des Sergens.

Rue de la *Vieille Bouclerie* commence depuis le bas du Pont S. Michel, jufqu'à la rue de la Harpe, quartier S. Severin.

Cul de sac des *Boucheries*, vis-à-vis l'Egout contre le petit Châtelet.

Rue *Boudin*, ou Tire-Boudin, d'un bout à la rue Montorgüeil, & de l'autre à la rue des deux Portes proche l'Hôtel de Bourgogne, quartier saint Eustache.

Rue du *Bouloy*, proche la Croix des Petits-Champs, & rue Coquilliere, quartier saint Eustache.

Premiere Rue de *Bourbon*, proche la Porte saint Denis, qui rend à la rue neuve saint Eustache.

Seconde Rue de *Bourbon*, Fauxbourg saint Germain des Prez, vers la rue de Seine.

Troisiéme Rue de *Bourbon*, dite du petit Bourbon au même Fauxbourg, vers la rue de Tournon.

Quatriéme Rue de *Bourbon*, dite de Bourbon le Château, d'un bout à la rue de Bussi, & de l'autre à la Cour Abbatiale de saint Germain des Prez.

Cinquiéme rue de *Bourbon*, ou de sainte Appoline : voyez cy-devant AP.

Sixiéme rue de *Bourbon*, d'un bout à la rue de Seve, & de l'autre à la rue Plumet, quartier saint Germain des Prez.

Rue *Bourdel*, anciennement dite rue Bordelle, depuis la fontaine sainte Geneviéve, jusqu'à la porte saint Marceau.

Rue *Bourg-de-brie*, au quartier de la rue saint Jacques, tenant d'un bout à la rue du Foin, & de l'autre à la rue de la Parcheminerie.

Rue des *Bourdonnois*, au quartier de la rue saint Honoré, proche la rue Betizy.

Cul-de-Sac de ladite rue, appellée de la fosse aux Chiens.

Rue des *Francs-Bourgeois* : cy-après voyez FR.

Rue *Bour-labbé*, au bout de la rue aux Ou-est-ce, & par corruption dite aux Ours, tirant vers l'Eglise de l'Hôpital de la Trinité.

Rue de la *Bonne Eau*, près la Barriére de la Grenoüilliére, quartier saint Germain des Prez.

Rue du *Bord-de-l'eau*, depuis la porte saint Bernard jusqu'à la rue de Seine, quartier saint Victor.

Rue *Bourtibourg*, vers le Cimetiere saint Jean, & la rue sainte Croix de la Bretonnerie.

Rue du *Bout du Monde*, d'un bout à la rue Montmartre, & de l'autre à

B O

la rue Montorgueil.

Cul de fac de *Bouvard*, proche S. Hilaire du Mont.

Rue de la *Bourbe*, va d'un bout au Fauxbourg faint Jacques, & de l'autre à la rue d'Enfer, où font les Bernadines du Port-Royal.

Rue de *Bourgogne*, au Faubourg S. Marcel, qui traverfe des murs du Val de Grace à la rue de l'Ourfine.

Autre rue de *Bourgogne*, d'un bout à la rue de la Corderie, & de l'autre à la rue de Bretagne, quartier du Marais.

Rue *Bocquet*, ou Gerard-Bocquet: voyez ci-après GE.

B R

Rue de *Braque*, vis-à-vis l'Hôtel de Soubife anciennement de Guife, d'un bout à la rue fainte Avoye, & de l'autre à la rue du Chaume proche la Mercy.

Rue de *Brene*, ou du Brave, Faubourg faint Germain, proche la rue des quatre vens.

Rue *Breneufe*, c'eft Beuriére: voyez cy-devant BE.

Rue de *Bretagne*, quartier de la vieille rue du Temple, devant la rue neuve faint Loüis, & la rue de Bourgogne.

Rue de la *Bretonnerie*, grande & petites rues aboutissantes toutes deux rue saint Jacques, en tournant autour de plusieurs maisons, quartier saint Benoist, près les Jacobins.

Rue de la *Brasserie*, qui est le cul de sac de la rue Traversiére.

Rue du *Brave* aboutit rue du Cœur-Volant, & rue de Tournon, quartier du Luxembourg.

Rue des *Bretonvilliers*, proche la rue saint Loüis, Isle Notre-Dame.

Rue *Brise-Miche*, vers la rue & Cloître saint Méderic, au bout du Pont Notre-Dame.

Rue *Bri-Bouché*: voyez ci-devant AU.

Rue des *Brodeurs*, ou du Lude, d'un bout à la rue de Séve, & de l'autre à la rue de Babilone, Fauxbourg S. Germain des Prez.

Rue *Brûlée* aboutit rue des Boucheries, quartier S. Germain des Prez.

B U

Rue de la *Bucherie* prend depuis la rue du petit Pont où étoit autrefois placé la Barriere des Sergens, que l'on a mis en 1712. dans une boutique attenant, & va jusqu'à la Place Maubert.

B U

Rue de *Buffy*, d'un bout au carreur de la rue Dauphine, & de l'autre au petit marché vis-à-vis la rue des Boucheries, quartier S. Germain des Prez.

C A

Rue de la *Calendre*, vis-à-vis une des portes du Palais d'un bout, & de l'autre à la rue du Marché Pallu, quartier de la Cité.

Rue des *Canettes* aboutit à la rue S. Christophe proche Notre-Dame.

Seconde rue des *Canettes*, au Fauxbourg S. Germain, aboutit rue du vieux Colombier, vis-à-vis la porte du grand Séminaire S. Sulpice.

Rue des *Capucins*, proche la Porte saint Honoré.

Rue neuve des *Capucins*, au Fauxbourg saint Jacques, d'un bout à la rue saint Jacques du Haut-Pas, & de l'autre aux remparts.

Rue des *Carcuisans*, ou des Carcuissons, aboutit rue de la Calendre & au Marché neuf, quartier de la Cité.

Rue du *Cardinal* aboutit à la rue Furstemberg, quartier saint Germain des Prez.

Rue du *petit Carreau* commence aux

coins des rues saint Sauveur & du Bout-du-monde vis-à-vis la rue Montorgueil, & finit au coin de la rue de Clery.

Rue *Carpentiere*, ou Appentiere : voyez ci-devant A P. Elle a trois noms.

Rue des *Carmes*, proche les RR. PP. Carmes de la Place Maubert, elle a un bout dans la rue des Noyers, & l'autre vis-à-vis l'Eglise saint Hilaire du Mont.

Rue des *Carmes-Déchaussez*, ou du Regard, aboutit à la rue de Vaugirard & à la rue neuve Notre-Dame des Champs, & l'autre bout aux coins des rues du Cherchemidy & des vieilles Tuilieries.

Rue du *Petit-Carneau*, vers la rue de la Bucherie proche le petit Pont.

Rue de *Carême-prenant* aboutit à la Courtille, Fauxbourg saint Martin.

Le *Carousel*, quartier du Palais Royal & saint Honoré, qui rend devant le Louvre.

Rue du *Carrefour-Guillery* répond d'un côté à la rue de la Coutellerie, & de l'autre à la rue de la Tixerandrie, quartier de la Greve.

Rue *Cassette*, Fauxbourg saint Germain des Prez, aboutit à la rue du Vieux-Colombier & à celle de Vaugirard.

Rue du *Canivet*, ou Ganivel: voyez ci-après GA.

Premiere Rue *Ste Catherine* devant le Cloître saint Opportune dans la rue saint Denis.

Seconde Rue *Ste Catherine* au Fauxbourg saint Michel, proche la rue S. Dominique.

Troisiéme Rue *Ste Catherine*, qui s'appelle rue Neuve sainte Catherine au Marais vers la culture, & Place Royale.

Cul de sac appellé de sainte Catherine, même quartier.

Quatriéme Rue *Ste Catherine* dite de la Culture, & par corruption de la Couture, rue saint Antoine, vis-à-vis les Jésuites du grand Convent.

Voici les Carrefours les plus connus de Paris: car de même qu'il y a un fort grand nombre de rues, aussi se trouve-t-il beaucoup de Carrefours; c'est pourquoi l'on a jugé à propos de ne mettre ici que les plus connus.

Carrefour des *Trois-Maries*, qui prend au bout du Pont-Neuf du côté de la Samaritaine, & finit vis-à-vis la rue des Prêtres de saint Germain l'Auxerrois.

Carrefour *S. Gervais*, vis-à-vis l'Eglise du même nom.

Carrefour *S. Hyppolite*, au bout du Fauxbourg saint Marcel, proche les Gobelins.

Carrefour de la *Rue aux Fers*, où Henry IV. fut tué par Ravaillac en 1610.

Carrefour de la *Croix-Rouge*, où sept ou huit rues aboutissent au Fauxbourg saint Germain des Prez.

Carrefour de la *Pitié*, vis-à-vis l'Hôpital du même nom, au Fauxbourg saint Victor.

Carrefour du *Puits-l'Hermite*, derriere la Pitié, Fauxbourg saint Marcel.

Carrefour de la *Pierre-au-Lait*, proche saint Jacques de la boucherie.

Carrefour de la *Tannerie*, au milieu de la rue du même nom.

Carrefour de *S. Ladre*, & par corruption de saint Lazare, vis-à-vis la maison & prieuré du même nom.

Carrefour du *Pont de la Tournelle*, du côté de la Porte saint Bernard, de forme quarrée, avec son Quay & sa pente parée de neuf.

Carrefour de *l'Isle S. Loüis* qui est

C A

dans le milieu de ladite Isle & qui en partage les quatre principaux quartiers.

C E

Rue *Censier*, sans Chef, ou rue saint Marcel, vers le pont au Trippes d'un bout, & vers la Croix Clamart de l'autre, anciennement dit vieille rue saint Jacques.

Rue du *Centier* entre le portes saint Denis & de Mont-martre, vers la Ville-Neuve.

Rue de la *Cerisaye*, vers la petite Porte de l'Arsenal, & de l'autre à la rue du petit Musc.

Cul de sac de la *Cerisaye*, quartier saint Paul.

Rue *Censée*, d'un bout à la rue saint Antoine & de l'autre à la rue des Nonaindieres : voyez FO. C'est rue de Fourcy.

C H

Rue de la *Chaise*, de la Chaire, ou des Teigneux, a un bout à la rue de Grenelle & l'autre à la rue de Seve, proche l'Hôpital des petites Maisons, quartier saint Germain des Prez

Rue *Champ-fleury*, vers la rue saint Honoré,

Honoré & rue de Beauvais.

Rue *Champain*, ou du Rampart, voyez cy après RA.

Rue du *Chant*, ou Champ-de-l'Alloüette, ou rue faint Loüis au quartier faint Médard.

Rue des *Petits Champs*, d'un bout à la rue faint Martin, près faint Julien le Menetrier, & à la rue Beaubourg.

Deuxiéme rue des *Petits Champs*, au Fauxboug faint Marcel, près la rue d'Orléans, qui aboutit rue du Noir & rue Mouffetard.

Troifiéme rue des *petits Champs*, d'un bout à la place des Vi oires & de l'autre à la rue faint Honoré, même quartier.

Quatriéme rue des *petits Champs*, aboutit rue de la Feüillade, & rue des Capucines, proche la rue Royale, quartier de la Place des Victoires.

Rue du *Grand-Chantier* : voyez ci-après GR.

Rue *Chevalier-Honoré* aboutit rue Caffette & rue Pot-de-fer, quartier du Luxembourg.

Autre Rue du *Chantier* aboutit à la rue du Gros-Chenet, quartier de Montmartre.

B

C H

Rue du *Chantre*, d'un bout à la rue S. Honoré, & à la place du Louvre.

Rue des *Chantiers* aboutit au port au plaftre, & à la rue de la rapée Faubourg S. Antoine.

Rue de *Charenton*, Faubourg S. Antoine, vis-à-vis la Porte, & aboutit à la rue de Reuilly.

Rue *Chanverrerie*, d'un bout à la rue S. Denis, & de l'autre à la rue Mondetour, quartier des Halles.

Rue *Châtinieres*, ou des Poulles: voyez PO cy-après.

Rue *Chapon*, vis-à-vis le Cimetiere S. Nicolas des Champs, aboutit rue du Temple, & rue Tranfnonain, quartier S. Martin.

Rue des *Charboniers*, Faubourg S. Marcel, aboutit rue des Vignes & rue des Bourguignons, proche la rue de l'Arbalêtre.

Rue du *petit Charlot*, ou des Oifeaux, d'un bout à la rue de Beauffe, & de l'autre au petit Marché du Marais, vis-à-vis la Boucherie.

Autre rue *Charlot*, ou d'Angoumois, aboutit à la rue de Bretagne, & de Bourgogne, & finit aux Remparts & Cours de la Ville.

Rue de *Charonne*, d'un bout au

Faubourg S. Antoine, & de l'autre à la Croix Fauxbin.

Rue *Charpentiere*, c'est Appentiere: voyez cy-devant AP. Elle a trois noms.

Rue *Chartiere*, d'un bout devant le Puits Certain, au Mont S. Hilaire, & de l'autre à la rue de Reims, quartier de l'Université.

Rue du *Cherche-midi*, aboutit à la Croix rouge & rue du petit Vaugirard, vers la rue de Seine, Faubourg S. Germain des Prez.

Rue du *grand Châtelet*, proche l'ancienne Vallée de misere, vis-à-vis la porte de Paris, au bout du Pont au Change.

Rue du *Chat qui pêche*, ou du Renard, aboutit à la riviere, & rue de la Huchette.

Rue de *Chaume*, aboutit rue du Grand-Chantier, & rue des Blancs-Manteaux, quartier sainte Avoye.

Rue de la *Chausseterie*, ou Charonnerie, quartier des Halles, aboutit à la rue de la Lingerie, à la rue S. Honoré & à la rue de la Feronnerie.

Rue du *Gros-Chêne*, voyez ci-après GR.

Rue du *Chevalier*, ou du Cheval-

Verd, aboutit à la rue des Foſſez S. Marcel, & à la rue des Poſtes.

Rue du *Chevalier du Guet*, aboutit à la rue des Lavandieres & à la rue S. Denis.

Rue de la *Vieille-Chevalerie*, d'autres l'appellent la rue de la Joüaillerie, aboutit proche la porte de Paris, dit Marché du grand Châtelet.

Rue du *Chevet S. Landry*, vers les rues d'Enfer & des Marmouzets, & aboutit à la rue du Haut-Moulin, quartier de la Cité.

Rue des *Chiens*, ou des Chieux, d'un bout à la rue des Sept-Voyes, & de l'autre à la rue Jean-le-Maître, communément dite des Cholets, quartier de l'Univerſité.

Rue de la *Chiffonnerie*, hors la porte neuve ſaint Martin.

Rue *Chriſtine* aboutit à la rue Dauphine, & à la rue des grands Auguſtins, quartier ſaint André des Arts.

Rue S. *Chriſtophe* aboutit à la rue de la Juiverie, & au Parvis Notre-Dame, quartier de la Cité.

Rue des *Cholets*, de Jean-le-Maître, ou de S. Symſiphorien des Vignes. Quoique cette rue ait ces trois noms, on ne la connoît que ſous le nom des

C H

Cholets. Elle donne d'un bout dans la rue faint Etienne des Grecs, & de l'autre dans la rue de Reims ou de Bourgogne, quartier de l'Univerfité.

Rue du *Chemin-Vert* a un bout aux remparts de la Ville, & l'autre au coin de la rue de Popincourt vis-à-vis la rue des Amandiers, Fauxbourg faint Antoine.

Autre rue du *Chemin-Vert*, d'un bout au Fauxbourg faint Honoré, & de l'autre à la Ville-l'Evêque.

C I

Rue du *Cigne* aboutit rue Mondétour, & rue faint Denis proche le Cloître faint Jacques de l'Hopital.

Rue des *Cinq-Diamans* aboutit rue Aubri-le-Boucher, & rue des Lombards vers la rue Quiquempoix, quartier faint Jacques de la Boucherie.

Rue des *Cifeaux* aboutit rue du Four & rue fainte Marguerite vis-à-vis l'Abbaye faint Germain des Prez.

Rue du *Cimetiere S. Sulpice* aboutit rue Garanciere & rue du vieux Colombier, Faubourg S. Germain des Prez.

Rue du *Cimetiere S. Jacques du Haut-Pas* aboutit au Faubourg S. Jacques

& rue d'Enfer, quartier du Luxembourg.

Rue du *Cimetiere Saint Nicolas des Champs* aboutit rue S. Martin & rue Transnonain, quartier saint Martin.

Rue du *Cimetiere S. André des Arts* aboutit rue Haute-feuille & rue de l'Epron, quartier saint André.

Rue du *Cimetiere S. Benoît*, d'un bout à la rue Frémentelle & à la rue saint Jacques derriere le Collége du Plessis.

Comme tous les Cimetieres qui se trouvent à Paris, sont ou entourés de maisons, ou ont différentes issues qui abrégent bien du chemin, ou qu'ils donnent le nom aux rues, dans lesquelles ils se trouvent; on a cru qu'il seroit très nécessaire de les placer ici, pour la commodité de ceux qui ont des affaires par la Ville.

LES CIMETIERES DE PARIS.

LE *Cimetiére* S. Jean, au bout de la rue de la Verrerie, vis-à-vis le Marché ou Place communément appellée le Cimetiére S. Jean.

Le *Cimetiére* des Sts. Innocens proche les Halles, où plusieurs Paroissses qui n'ont point de Cimetiéres, ont droit d'inhumation : Il y a trois Portes qui ferment tous les jours; la premiere est au coin de la rue aux Fers, la deuxiéme au coin de la rue de la Feronnerie, & la troisiéme à la Place aux Chats.

Le *Cimetiére* de l'Hôtel-Dieu, appellé la Croix Clamart hors le Fauxbourg S. Victor. Quelques personnes pieuses ont fondé depuis quelques années une Messe qui s'y dit tous les jours.

Le *Cimetiére* S. Nicolas du Chardonnet, dans la rue d'Arras proche la Porte S. Victor.

Le *Cimetiére* S. Etienne du Mont, vis-à-vis l'Eglise du même nom.

Le *Cimetiére* S. André des Arcs, dans la rue du même nom.

Le *Cimetiére* des Enfans de la Pitié, vis-àvis la Tour d'Alexandre.

Le *Cimetiére* S. Severin, qui a deux issuës; l'une au Grand Portail, joignant la rue des Prêtres, & l'autre dans la rue de la Parcheminerie.

Le *Cimetiére* S. Benoît; il y en a deux, le premier tient à l'Eglise, le second est dans la rue Froid-Manteau, & par corruption Frementélle.

Le *Cimetière* S. Eustache : il y en a deux ; le premier tient à la Chapelle S. Joseph, quartier Montmartre ; le second bâti depuis quelques années, est hors la Barriere de la Porte Montmartre, proche les Porcherons.

Le *Cimetière* S. Nicolas des Champs, dans la rue du même nom, vis-à-vis les Carmelites de la rue Chapon, quartier S. Nicolas des Champs.

C L.

Rue *S. Claude* : il y en a deux ; la premiere dans la rue Montmartre, vers la rue du Bout-du monde.

Seconde rue *S. Claude*, au Marais du Temple, d'un bout à la rue Saint Loüis, & de l'autre aux Remparts.

Cul-de-sac *S. Claude*, même quart.

Rue de la *Clef*, aboutit rue d'Orleans, & rue des Coppeaux ou Coupeaux, Fauxbourg S. Marcel.

Rue de *Clery*, d'un bout à la rue Montmartre, & de l'autre à la rue Montorgueïl, tirant vers la Porte S. Denis.

Autre rue de *Clery*, ou Mouffetard, commence à la rue des Petits-Carreaux, & finit à la Ville neuve.

Rue *Clopin*, au haut de la rue d'Arres, aboutissant dans la rue Bordelle, vis-à-vis la rue des Prêtres S. Etienne du Mont, quartier de la Porte S. Marcel. Il y une traverse nouvellement faite au haut de la rue d'Arras, qui rend dans la rue des fossez S. Marcel, jusqu'à celle de S. Victor, vis-à-vis les Religieuses Angloises, & qui aboutit à l'entrée de ladite rue Clopin.

Rue *Clocheperce*, d'u bout à la rue S. Antoine, & rue du Roy de Sicile.

Rue ou ruelle à *Clof-Chopin*, ou du Port au Plâtre, a un bout à la rue de Charenton, & l'autre traversant rue de la Rapée à la Riviere, Fauxbourg S. Antoine.

Cul de sac de *Clervaux*, dans la rue S. Martin, quartier S. Martin.

Rue de *Clugny* aboutit Place de Sorbonne, & rue des Cordiers.

Comme on a crû devoir donner la connoissance des Cloîtres de la Ville & des Fauxbourgs pour la facilité du Public, on a jugé à propos de les mettre dans l'ordre qui suit, quoiqu'ils soient dans des quartiers presque tous opposés les uns aux autres. Ils renferment quantité de maisons, & la plûpart sont des lieux privilegiés, où se retirent toutes sortes d'Artifans pour tenir Boutique, fans payer les droits de Communauté.

LES CLOITRES DE LA VILLE & des Fauxbourgs.

LE Cloître *Notre-Dame*, quartier de la Cité qui a quatre iſſuës; la premiere devant S. Chriſtophe, la ſeconde dans la rue des Marmouzets, la troiſiéme à la Porte d'Enfer, & la quatriéme à la Porte du Terrain.

Le grand & petit Cloître *Ste Opportune*, au tour de l'Egliſe du même nom, qui rend à la rue des Lavandieres, rue des Foureurs, rue de la Tableterie, rue Court-talon & rue S. Denis, vis-à-vis l'Hôpital Ste Catherine; il y un fort beau preſſoir à Verjus, dans le milieu de la Place, vis-à-vis l'Egliſe pour tout le Public dans le tems du Verjus.

Le Cloître *S. Magloire*, auprès S. Leu S. Gilles, vers la rue S. Denis, aboutit rue Quinquempoix, & rue Salle-au-Comte.

Le Cloître *S. Julien*, dit le Pauvre, donne dans la rue du même nom, & a une ſortie dans la rue Galande, quartier de la Place Maubert.

Le Cloître *S. Jean en Gréve*, proche

l'Eglise du même nom, aboutit rue du Pet-au-Diable, quartier de la Gréve.

Le Cloître *S. Germain l'Auxerrois*, autour de l'Eglise du même nom fermant de nuit, & où est la demeure de Messieurs les Doyen, Curé, & Chanoines de cette Paroisse Royale; il a ses sorties rue de l'Arbre-sec, rue des Prêtres, rue petit Bourbon, vis-à-vis la porte & passage du vieux Louvre, quartier du Louvre.

Le Cloître *Saint Honoré* donne rue neuve des Petits-Champs, rue des Bons-Enfans, & rue S. Honoré proche le Palais Royal.

Le Cloître des *Bernardins*, rue du même nom, quartier de la place Maubert.

Le Cloître de *S. Jacques de la Boucherie*, qui traverse rue des Aïsis ou Arcis, rue Mariveaux, & rue du Crucifix S. Jacques.

Le Cloître des *Jesuites* de la rue S. Antoine, est un Cul de sac qui rend à leur Eglise, & à la rue de S. Paul, quartier S. Paul & S. Antoine.

Le Cloître *S. Nicolas des Champs*, au bout de la rue S. Martin.

Le Cloître, ou passage de *S. Nico-*

las *du Louvre*, qui a plusieurs sorties; une par la rue S. Thomas du Louvre, deux par la rue Fre enteau & une par la rue des Orties, quartier du Louvre.

Le Cloître de *S. Mederic*, par corruption dit *S. Mery*, aboutit rue S. Martin, & rue de la Verrerie. En faisant le tour par derriére l'Eglise, on passe devant la Jurisdiction des Consuls; il y aussi le Cul de sac qui aboutit rue Brise-miche & rue Saint Martin, même quartier.

Le Cloître *S. Thomas du Louvre*, a son entrée par la rue du Doyenné, ou neuve S. Thomas, quartier du Louvre.

Le Cloître, ou passage de *S. Honoré*, a plusieurs entrées; la principale est par la rue S. Honoré, la seconde par la rue des Petits-Champs, & la troisiéme par la rue des Bons-Enfans, lesquelles sorties ferment de nuit.

Le Cloître de *S. Jacques de l'Hôpital*, aboutit par deux sorties dans la rue Monconseil, & a une autre sortie dans la rue Mondetour, au bout de la rue du Cigne.

Le Cloître des *Enfans du S. Esprit* a deux sorties, une dans la Gréve par dessous les Arcades, & l'autre derriére S. Jean en Gréve.

Le Cloître de la *Culture*, & par corruption Coûture Ste Catherine du Val des-Ecoliers, rue du même nom, quartier S. Antoine.

Le Cloître de *S. Marcel*, dans lequel est aussi la Paroisse de S. Martin, a une sortie par la rue Mouffetard, & l'autre par la rue des Francs-Bourgeois, qui rend au marché aux Chevaux.

Le Cloître de *S. Estienne des Grecs*, quartier S. Benoît, a son entrée par la rue S. Jacques.

Le Cloître *Saint Benoît*, a quatre issuës, dont la principale est devant l'Eglise des RR. PP. Mathurins ; la seconde qui est un Arcade, donne dans la rue S. Jacques ; la troisiéme en forme d'allée conduit à la rue de Sorbonne ; & la quatriéme qui est le long des Charniers, a sa sortie par la rue saint Jacques.

Le Cloître des *Jacobins* de la rue S. Honoré, a sa principale entrée par ladite rue S. Honoré, & l'autre par le Cul-de-sac de S. Hyacinte, qui donne dans la rue de la Sourdiere, quartier de la Butte S. Roch.

La rue, ou *Clos Georgeot*, aboutit

rue Sainte Anne, & rue Traverſine, quatier du Palais Royal.

C O

Rue de la *Colombe*, aboutit rue d'Enfer, & rue des Marmouzets, quatier de la Cité.

Rue de *Condé*, ou neuve S. Lambert, d'un bout à la rue des Foſſez, & des Quatre-Vents, de l'autre à la rue de Vaugirad, quartier du Luxembourg.

Rue de la *Courroyerie*, aboutit rue S. Martin & rue Beaubourg, quartier Saint Martin.

Rue *Comteſſe d'Artois*, d'un bout à la rue Montorgueil, & de l'autre à la pointe S. Euſtache, quartier des Halles.

Rue du *Vieux Colombier*, ou Coulombier, a un bout au coin de la rue du Four, au carrefour de la Croix rouge, & l'autre au grand Portail de S. Sulpice, quartier ſaint Germain des Prez.

Autre rue du *Colombier* aboutit rue de Seine, & traverſe la rue de l'Echaudé, & au coin de la rue des Petits-Auguſtins, quartier Saint Germain des Prez.

C O

Cul-de-Sac de *Courtavoye*, ou de l'Opera, quartier du Palais Royal.

Rue *Coquilliere*, d'un bout à la rue des Petits-Champs, & de l'autre à la Croix de Saint Eustache, quartier S. Eustache.

Rue du *Cœur-volant*, d'un bout aux rues des Quatre-Vents & des Mauvais-Garçons, & de l'autre à la rue des Boucheries; quartier S. Germain des Prez.

Rue du *Comte de Boulogne*, ou du Fer-à-moulin: voyez cy-après FE.

Rue de la *Courrerie*, vers la rue S. Martin, vis-à-vis la rue des Vieilles Etuves, quartier S. Martin.

Rue du *Cocq*: il y en a deux; la premiére dans la rue S. Honoré d'un bout, & de l'autre dans la rue de Beauvais, quartier du Louvre.

Seconde rue du *Cocq*, d'un bout dans la rue de la Verrerie, & de l'autre dans la rue de la Tixerandrie, quartier de la Gréve.

Cul-de-Sac du *Cocq*, qui rend à la rue S. Honoré & à la rue de Beauvais, quartier du Louvre.

Rue *Coquerelle*, vis-à-vis la rue des Juifs, aboutissant à l'Hôtel de Lorraine, quartier S. Antoine.

Cul de-Sac *Coquerelle*, même quart.

Rue *Coqueron*, ou Cocq-heron, d'un bout à la rue de la Jussienne, & de l'autre à la rue Coquilliere, quartier S. Eustache.

Rue des *Coquilles*, aboutit rue de la Verrerie, & rue de la Tixerandrie, quartier de la Gréve.

Rue des *Cordeliers*, d'un bout à la rue de la Harpe, & de l'autre à la rue de Turenne, quartier saint André des Arts.

Rue de la *Corderie*, ou Thevenot, aboutit rue du Petit-Carreau, & à la rue S. Denis.

Cul-de-sac de ladite rue, appellé de *l'Etoille*, même quartier.

Rue de la *Corderie*, qui aboutit à la rue neuve S. Roch, quartier du Palais Royal.

Rue de la *Corderie*, ou Cordiere, au coin de la rue de Beausse, aboutit rue du Temple & rue de Bourgogne, quartier du Marais du Temple.

Cul-de-sac de la *Corderie*, ou Peronnelle, d'un bout à la rue neuve Saint Roch, quartier du Palais Royal.

Rue de la *Cordonnerie*, vers la rue de la Tonnellerie, & rue de la Lingerie.

Autre rue de la *Cordonnerie*, dite la

Vieille, aboutit rue des Déchargeurs & des Lavandieres, quartier sainte Opportune.

Cul-de-sac, ou rue des *Commissaires*, au haut de la rue Montmartre.

Rue *Court-talon*, aboutit à la rue S. Denis & au Cloître sainte Opportune.

Cul-de-sac de *Conty*, proche l'Hôtel du même nom.

Rue de la *Corne*, au bout de la rue des Marmouzets, quartier de la Cité.

Autre rue de la *Corne*, ou Guillemain, aboutit rue du Vieux Colombier, & rue du Four, quartier S. Sulpice.

Rue des *Cordiers*, joignant l'Eglise de Sorbonne, & aboutit rue de Clugny & rue S. Jacques.

Rue de la *Cossonnerie* aboutit rue saint Denis, & aux Pilliers des Potiers d'Etain, quartier des Halles.

Rue *Coupeaux*, à l'entrée du Fauxbourg S. Marcel, proche la Porte, aboutit rue S. Victor & rue Bordelle.

Rue *Couteau-Villain* aboutit rue S. Martin, & rue Transnonain, proche les Carmelites de la rue Chapon.

Rue du *Court-bâton*, ou de Sourdis: voyez cy-après SO.

Cul-de-sac *Cochon* ou du Tondeur, Fauxbourg S. Victor.

C O

Rue de *Colbert*, aboutit rue Vivien & rue de Richelieu, quartier du Palais Royal.

Rue *Contrescarpe*, aboutit rue Saint André des Arts, & rue Dauphine, quartier S. André des Arts.

Autre rue *Contrescarpe*, aux coins des rues Bordelle & Mouffetard, & à la rue neuve Ste Geneviéve, vis-à-vis les fossez de l'anciene Estrapade.

Rue de la *Courtille*, d'un bout au Fauxbourg du Temple proche la Porte; & de l'autre à la Courtille.

Rue de la *Couture*, ou Culture S. Gervais, vers la vieille rue du Temple, vis-à-vis la Fontaine des égouts, & à la rue de Torigny, quartier du Marais.

Rue de la *Couture*, ou Culture Ste Catherine, vis-à-vis les Jesuites de la rue S. Antoine d'un bout, & de l'autre à la rue du Parc Royal.

Rue de la *Coutellerie* proche la rue de la Vannerie, vers le Carrefour-Guillery, quartier de la Gréve.

Rue *Coeatrix*, aboutit rue des Canettes, & rue S. Pierre aux Bœufs, proche N. Dame, quartier de la Cité.

Rue *Coupe-gorge*: cette rue n'est plus à cause des malheurs qui y sont arrivez; on en a fait un travail pour les Cordiers, que l'on a fermé aux deux bouts. Elle est à l'entrée du Fauxboug S. Marcel, & aboutit rue Pot-de-fer, & rue des Postes.

Rue *Coquenard*, ou rue N. Dame de Lorette : voyez cy-après NO.

LES COURS DE PARIS, QUI font autant de Traverses ou Passages d'une Ruë à une autre.

LA Cour ou Passage du *College d'Autun*, rend de la rue S. André, à la rue de l'Hyrondelle.

La Cour des *Bœufs* est à present un Cul de sac, qui donne dans la rue des Sept-voyes, vis-à-vis le derriere de l'Eglise S. Hylaire du Mont, quartier de l'Université.

Rue de la Cour *de Roüen*, dans la rue du Jardinet vers la rue de l'Epron, quartier S. André des Arts ; elle a un Cul de sac.

La Cour *S. Eloy* donne devant la Porte du May du Palais, & dans la rue de la Barillerie.

Rue & Cour du *Petit-marché*, & Boucherie des Quinze-vingts, qui a une sortie par la rue de l'Echelle, &

l'autre par la rue S. Honoré.

La Cour des *Miracles*, proche S. Sauveur, & son Cul de sac aboutissant à la rue Neuve S. Sauveur.

Rue & Cour du *Roi*, près le Palais.

Rue & Cour du *Morre*, ou de saint Julien des Menetriers, aboutit rue S. Martin, & rue Beaubourg, quartier S. Martin.

Cour ancienne du *Palais*.

Cour neuve du *Palais*, qui a son entrée par la place Dauphine & rue du Harlay

Cour de la *Moignon*, qui traverse de la Cour neuve du Palais au Quay des Morfondus.

Cour du *Roi François*, avec son Cul de sac, donne dans la rue S. Denis, près la Fontaine du Ponceau.

Cour de *Baviere* : voyez ci-devant BA.

Cour de *S. Julien le Pauvre* : c'est un Cloître, voïez C L.

Petite Cour de *S. André des Arts*, qui traverse de la rue S. André à la la rue du Cimetiere S. André ; elle ferme de nuit.

Cour du Palais Abbatial de l'*Abbaye S. Germain des Prez*, au tour de laquelle est la rue du même nom,

C O

avec quelques maisons dans l'Avant-Cour qui sont privilegiées; elle a une sortie vis-à-vis la petite rue de Bourbon, qui rend dans la rue de Buffy; une dans la rue du Colombier; & une autre pour aller à l'Eglise, le long des murs de l'ancienne. Cette derniere sortie conduit dans l'enclos des Peres nouvellement bâti, dont nous parlerons ci-après dans les lettres EN.

C R.

Rue de la *Croix* aboutit rue du Pont aux Biches, & rue Phélypeaux, quartier S. Laurent.

Rue de la *Croix Blanche*, ou rue Blanche, ou rue Hennequin, comme il est dit à BL cy-devant: voyez cy-après HE.

Rue *Ste Croix de la Bretonnerie*, au bout de la rue S. Méderic, rend à la rue Bar-du-bec, & la vieille rue du Temple.

Rue *Ste Croix de la Cité*, proche l'Eglise du même nom, aboutit rue de la Draperie, & rue Gervais-Laurent.

Rue du *Croissant*, aboutit rue du Gros-Chenet, & à la Porte Montmartre.

C R

Rue du *Petit Crucifix S. Jacques*, d'un bout à l'Eglise S. Jacques de la Boucherie, & de l'autre rue du même nom, & même quartier.

Autre petite rue, ou long Cul de sac appellé du *Crucifix*, aboutit rue des petits Carreaux, vers la rue S. Sauveur.

C U

Cul-de-Sac de l'*Hôtel de Sourdis*, aboutit rue de Poirées.

Autre cul-de-Sac de l'*Hôtel de Sourdis* dans la rue de l'Arbresec.

Autre cul-de-sac vis-à-vis, qui n'a point de nom.

Les autres culs-de-sac portant ordinairement le nom des rues où ils sont, suivent l'ordre Alphabétique desdites rues.

D A

ON s'est trouvé obligé de placer dans les lettres D A ces rues d'*Argenteüil*, d'*Avignon*, &c. pour la facilité des personnes peu instruites des belles Lettres qui auroient été embarrassées, si on les avoit mises selon leur ordre dans les lettres A R. Cette observation doit s'entendre pour toutes les autres rues, où se fait l'élision, & en même tems pour prévenir la critique qui ne manque pas de blâmer les choses souvent les plus parfaites.

Rue D'*Argenteüil*, ou Argenteüil, derriere S. Roch, d'un bout à la rue S. Honoré, & de l'autre à la rue Gaillon, quartier du Palais Royal.

Petite rue D'*Avignon*, proche le grand Châtelet, aboutit rue S. Denis, & dans le Chevalier du Guet.

Rue *Dauphine*, au bout du Pont-neuf d'un côté, & de l'autre au Carrefour, proche la rue de Buffy.

Petite rue *Dauphine* aboutit à la porte de Buffy, & rue S. André des Arts.

Rue neuve *Dauphine*, au quartier S. Germain des Prez, devant la rue neuve des Fossez.

Rue D'*Ablon*, ou neuve S. Médard, Faux-bourg S. Marcel, a un bout à la rue Gratieuse, & l'autre à la rue Mouffetard.

Cul de sac D'*Amboise*, quartier de la Place Maubert.

On tient qu'il y a aussi une rue D'*Amboise* à la Place Maubert, tirant vers a rue de la Bucherie.

Rue D'*Angoumois*, ou Charlot, quartier du Temple, vers les Remparts:

voyez cy-devant CH; il y en a deux.

Rue D'*Anjou*, ou Vaujour, proche les Enfans-Rouges, quartier du Temple.

Rue D'*Anjou*, aboutit rue Dauphine, & rue de Nevers, quartier de S. Germain des Prez.

Rue D'*Anjou* aboutit à la Ville l'Evêque, & au Fauxbourg S. Honoré, quartier du Palais Royal.

Cul de sac D'*Anjou*, vis-à-vis saint Germain l'Auxerrois, quartier du Louvre.

Cul de sac de la rue du Temple, anciennement dit de Péguay; on l'appelle à present Cul-de-sac D'*Argenson*, depuis que ce grand Magistrat y a fait sa demeure.

Rue D'*Arras*, improprement appellée rue des Rats, proche la porte S. Victor, qui monte à S. Etienne & à sainte Geneviéve; il y a une traverse à cette rue fort nécessaire à sçavoir: voyez cy-devant CL, à la rue Clopin.

Rue D'*Andoüille*, ou Pavé Dandoüille: voyez PA, cy-après.

Cul de sac D'*Aumont*, ou de Fourcy: voyez FO cy-après.

Rue D'*Arnetal*, & par corruption
dite

D A

dite Grenéta, d'un bout à la rue S. Martin, & de l'autre à la rue faint Denis.

D E

Rue du *Demi-Saint* a un bout au Cloître S. Germain l'Auxerrois, & de l'autre à la rue des Foffez Saint Germain.

Rue D'*Enfer* : il y en a quatre ; la premiere, à la Porte du Cloître Notre-Dame, aboutit rue des Urfins & au Port S. Landry.

La deuxiéme, dans le Fauxbourg de faint Victor, proche la Croix Clamart.

La troifiéme, qui eft au Fauxbourg faint Michel, aboutit aux Chartreux & rue des Francs-Bourgeois.

La quatriéme aboutit à la rue fainte Anne à la nouvelle France, & à la rue de la Voirie, Fauxbourg Montmartre.

Rue *S. Denis*, depuis le grand Châtelet jufqu'à la porte S. Denis.

Seconde rue *S. Denis*, depuis la porte de la Ville, jufqu'à la fauffe porte vers S. Ladre ou S. Lazare, & proche la Foire S. Laurent.

C

Troisiéme rue *S. Denis*, dite rue neuve proche la porte S. Denis d'un côté, & proche la porte S. Martin de l'autre.

Rue de la *Dentelle*, dans la rue des Arcis, près l'Eglise S. Bon, quartier S. Martin vers S. Mederic.

Rue des *Déchargeurs*, dans la rue des Mauvaises Paroles, qui aboutit rue de la Lingerie, quartier Ste Opporune.

Rue D'*Ecosse*, d'un bout à la rue des Sept-voix, & de l'autre à la rue du Four, quartier de l'Université.

Rue D'*Etain*, ou du Plat d'Etain, aboutit à la rue des Déchargeurs & rue des Lavandieres, quartier de Ste Opportune.

Première rue des *Deux Portes*, des Orphévres, Jean-Lointier, ou Lentier, aboutit rue de S. Germain l'Auxerrois, & rue Bertin-poirée, près la rue des Lavandieres, quartier Ste Opporttune.

Deuxiéme rue des *Deux Portes* a un bout à la rue S. Martin, & à la rue S. Denis, quartier S. Denis.

Troisiéme rue des *Deux Portes* aboutit rue de la Harpe, & rue Haute-feuile, quartier S. André des Arts.

Quatriéme rue des *Deux Portes* a

un bout à la rue S. Sauveur, & l'autre aux Coins des rues du Petit Lion & Pavée, proche l'Hôtel de Bourgogne, quartier de la rue Montorgueil.

Cinquiéme rue des *Deux Portes*, dite rue neuve, n'est qu'une continuation de celle cy-dessus, & a un bout à la rue S. Sauveur, & l'autre à la rue Thevenot.

Sixiéme rue des *Deux Portes* a un bout à la rue de la Verrerie, & l'autre à la rue de la Tixerandrie, quartier de la Gréve.

Septiéme rue des *Deux Portes*, ou continuation de celle cy-dessus, donne un bout à la rue du Cocq, & l'autre à la Gréve.

Rue des *Deux Ponts*, entre le Pont de la Tournelle & le Pont Marie, a un bout aux coins des Quays de Bourbon & d'Alençon, vis-à-vis le Pont Marie, & l'autre aux coins des Quays Dauphin & d'Orleans, vis-à-vis le Pont de la Tournelle, dans l'Isle neuve Notre-Dame.

Rue des *Deux Anges* a un bout à la rue Jacob, & l'autre à la rue S. Benoît, quartier S. Germain des Prez.

Rue des *Deux Boulles* aboutit rue Bertin-poirée, & rue des Lavandieres, quartier sainte Opportune.

Rue des *Deux Ecus* aboutit rue de Grenelle & rue des Prouvaires, quartier S. Eustache.

Rue des *Deux Hermites* aboutit rue des Marmouzets, & rue Cocatrix, quartier de la Cité.

Rue des *Dix-huit* proche S. Christophe, quartier de la Cité, proche Notre-Dame.

D O

Rue D'*Olivet* aboutit rue Jacob & rue de Tarane, traversant le passage de la Charité, quartier S. Germain des Prez.

Rue *S. Dominique*, au même quartier S. Germain proche la Charité, d'un bout à la rue de Tarane, & de l'autre à la Barriere des Invalides.

Autre rue *S. Dominique*, à la porte saint Michel, proche la rue d'Enfer, quartier du Luxembourg.

Rue D'*Orleans* : il y en a quatre ; la premiere est au quartier du Marais, proche la rue d'Anjou, & aboutit aux rues de Berry des Quatre-Fils.

La Deuxiéme aboutit à la rue saint Victo & au Pont aux Tripes, Fauxbourg S. Marcel.

D O

La Troisiéme, appellée neuve, Faubourg S. Denis, aboutissant au Fauxbourg S. Martin.

La Quatriéme aboutit rue S. Honoré, & rue des deux Ecus, quartier saint Eustache.

Rue du *Doyenné*, ou neuve S. Thomas, a un bout à la rue de Matignon, & l'autre à la rue S. Thomas, quartier du Palais Royal.

Rue des *Douze Portes*, a un bout à la rue S. Loüis, & l'autre à la rue neuve S. Pierre, quartier du Marais ou du Temple.

D R

Rue de la *Vieille Draperie*, vis-à-vis la rue des Marmouzets d'un côté, & rue de la Barillerie de l'autre, quartier du Palais.

Rue de *Druly*, proche Rambouïlet, u Fauxbourg S. Antoine.

E

Rue des *Ecoufles*, proche la rue du Roy de Sicile, vis-à-vis la rue Tison, & vis-à-vis la rue des Roziers, quartier S. Antoine.

Rue des *Deux Ecus* : Voyez cy-devant D E.

E C

Rue des *Ecrivains* aboutit rue des Arcis, ou Assis, & rue de la Savonnerie, quartier S. Jacques de la Boucherie.

Rue des *Ecuries*, proche les Thuilleries, quartier S. Honoré.

E G

Rue des *Egouts*, au Marais, qui répond d'un côté à la rue S. Antoine, & de l'autre à la rue Ste Catherine.

Autre rue des *Egouts*, près la rue neuve S. Martin: il y a encore deux Ruelles dites la décharge des Egouts contre la fausse porte S. Denis, & celle de S. Martin.

Il y a deux rues de l'*Egout* : cy après voyez LE.

E L

Rue S. *Eloy* : voyez cy-devant CO; car on dit Cour.

E N

Rue des *Enfans Rouges* commence aux coins des rues d'Anjou & Pastourelle, vis-à-vis la rue du grand Chantier, quartier du Temple.

Quoique ce qui suit, soit comme des espèces de Cloîtres, on a cependant crû qu'il étoit plus à propos de le mettre sous le titre d'Enclos, parce que dans ces endroits ce ne sont que des gens de Métiers, qui ont le Privilege de travailler sans être reçûs Maîtres de leur Communauté, & d'ailleurs qu'ils sont exemts de payer les Jurés lors des visites, & qu'au contraire dans les Cloîtres ce sont presque toutes personnes à équipage.

LES ENCLOS DE LA VILLE & des Fauxbourgs.

L'Enclos de l'*Abbaye S. Germain des Prez*, où on a bâti depuis quelques années de fort belles maisons : il a deux entrées, la principale où il y a une grande treille de fer, avec la porte ornée de son Couronnement, est par la rue S. Benoît, & l'autre par la rue sainte Marguerite.

L'Enclos des *Enfans de la Trinité* est un lieu privilegié, & où l'on gagne la Maîtrise pour s'établir dans la Ville ; il a son entrée dans la rue des Gravilliers, vis-à-vis la rue Bourlabbé.

L'Enclos de la *Commanderie du Temple*, lieu privilegié ; il a son entrée rue du Temple : à côté est le magnifique Hôtel de M. le Grand Prieur.

EN

L'Enclos de la *Commanderie de Saint Jean de Latran*, lieu privilegié ; il a deux sorties, dont la principale est vis-à-vis la terre Cambray, & l'autre dans la rue S. Jean de Beauvais.

L'Enclos du *Prieuré de Saint Martin*, lieu privilegié ; il a son entrée par la rue S. Martin, proche Saint Nicolas des Champs.

L'Enclos de *S. Denis de la Chartre*, lieu privilegié, quartier de la Cité, au bout du Pont Notre-Dame.

ET

Rue neuve *S. Etienne*, entre la porte S. Denis & la porte Montmartre, qui aboutit rue Beauregard, & sur les Remparts.

Deuxiéme rue *S. Etienne des Grecs*, qui aboutit dans la ruë S. Jacques, vis-à-vis les Jacobins, & au carré de Sainte Geneviéve.

Troisiéme rue *S. Etienne*, surnommée neuve, autrefois appellée la rue des Morfondus, proche les Peres de la Doctrine Chrétienne du Fauxbourg S. Marcel, elle aboutit à la rue Bordelle & à la rue Coupeaux.

Cul de sac *S. Etienne du Mont*, à côté du Cimetiere.

Cinquiéme rue ou carré *S. Etienne du Mont*, prend de l'Eglise de ce nom, & va rendre à la rue Saint Etienne des Grecs.

Sixiéme rue *S. Etienne*, ou neuve S. Sebastien, a un bout à la rue de Popincourt, & l'autre aux fossez du nouveau Rempart & Cours de la Ville, Fauxbourg Saint Antoine.

Rue des Prêtres *S. Etienne du Mont*, d'un bout au Carré, & de l'autre à la rue Bordelle.

Rue des *Vieilles Etuves* : voyez cy-après VI.

E U

Rue neuve *S. Eustache*, proche l'Eglise du même nom d'un côté, vis-à-vis la rue des fossez Montmartre, & de l'autre à la rue Montorgueil.

Rue de la pointe *S. Eustache* : voyez cy-après PO.

F A

Rue des *Fauconniers*, devant l'Hôtel de Sens, qui aboutit rue des Prêtres S. Paul & rue des Barres, quartier Saint Antoine.

Rue de la *Femme-sans-Tête*, dans l'Isle Notre-Dame, aboutit rue Saint Loüis, vis-à-vis la rue Regratiere, & au Quay d'Orleans.

Rue neuve *Feydeau*, ou neuve des fossez Montmartre, aboutit rue de Montmartre, & rue de Richelieu.

Rue *Ferron*, d'un bout au Portail S. Sulpice, & de l'autre à la rue de Vaugirard, Fauxbourg S. Germain; il y a un Cul de sac de ce nom que l'on appelloit autrefois la rue des Prêtres.

Rue de la *Ferronnerie*, élargie de deux fois autant qu'elle étoit, depuis que Henry IV. y fut tué en 1610. par Ravaillac; elle donne d'un bout à la rue S. Denis, & de l'autre aux coins des rues de la Lingerie, & des Déchargeurs.

Rue du *Fer-à-moulin*, ou du Comte de Boulogne, a un bout à la rue du Faubourg S. Marcel, & l'autre à la rue du Pont aux Biches.

Rue de *Fer*, Faubourg S. Victor, a un bout à la Croix Clamart, au coin de la rue de la Muette, & l'autre bout à la rue des hauts fossez S. Marcel.

Rue de la *Feüillade* a un bout à

la rue neuve des Bons-Enfans, vis-à-vis la rue des Petits-Champs, & l'autre bout en la place des Victoires.

Cul de fac des *Feüillantines* a un bout à la rue du Fauxbourg S. Jacques, & l'autre à leur Eglife.

Rue aux *Fers*, ou Aufêvre : voyez ci-devant AU.

Rue *S. Fiacre* aboutit rue S. Martin, même quartier.

Cul de fac *S. Fiacre*, vis-à-vis S. Mederic, à l'entrée de la rue S. Martin, du côté du Pont Notre-Dame.

Autre rue *S. Fiacre* à la Ville-neuve, entre la Porte Montmartre & la Porte S. Denis, où font les Filles du S. Sacrement, d'un bout à la rue des Jeux-neufs & aux Remparts.

Rue du *Figuier*, proche l'Hôtel de Sens, aboutit rue des Prêtres S. Paul, & rue des Barres, quartier S. Paul.

Rue des *Filles-Dieu*, dans la rue S. Denis, proche la Porte, elle aboutit rue Ste Foy & à la Ville-neuve.

Rue neuve des *Filles-Dieu*, c'eft rue des foffez Saint Denis : voyez cy-après FO.

Rue des *Filles-Bleuës*, d'un bout

F I

à la rue du Parc Royal, & de l'autre au Cul de sac de Sainte Catherine, quartier S. Antoine.

Rue des *Filles-Angloises*, près la rue du Chant de l'Allouette, quartier S. Médard, Fauxbourg S. Marcel.

Rue neuve des *Filles S. Thomas*, ou rue neuve de S. Augustin, a un bout à la rue de Richelieu, vis-a-vis la rue S. Augustin, & l'autre bout à la rue de Notre-Dame des Victoires, vis-a-vis la rue Joquelet, quartier Montmartre.

Rue des *Quatre-Fils* : voyez ci-après QUA.

F O

Rue du *Foin* traverse de la rue de la Harpe à la rue S. Jacques, quartier Saint Benoît.

Autre rue du *Foin* qui traverse la rue des Minimes au Marais du Temple, quartier saint Antoine.

Rue du *Foüar*, vis-à-vis la porte de l'Hôtel-Dieu, aboutit dans la rue Galande, près la Place Maubert.

Rue *Forest* a un bout à la rue d'Angoumois, & finit au Cul de sac des murs du Temple.

Rue de la *Fosse aux chiens*, ou Cul

de sac de la rue des Bourdonnois: voyez BO cy-devant.

Rue des *Fossoyeurs*, proche le Cimetiere de S. Sulpice d'un bout, & à la rue de Vaugirard de l'autre, quartier du Luxembourg.

Rue du *Four*: il y en a trois; la premiere dans la rue S. Honoré, aboutit au grand Portail de saint Eustache.

La Seconde, proche la Barriere des Sergens du Fauxbourg saint Germain des Prez, & aboutit à la rue du Petit Marché & à la Croix Rouge.

La Troisiéme aboutit rue des Septvoyes, & à la rue d'Ecosse, quartier de l'Université.

Rue neuve de *Fourcy*, ou Censée, aboutit rue Saint Antoine & au Port Saint Paul.

Cul de sac de *Fourcy*, ou d'Aumont, qui a un bout à la Place aux Veaux, traversant la rue de la Mortellerie.

Rue *Ste Foy*, d'un bout à la rue neuve S. Sauveur, & de l'autre à la rue S. Denis, proche les Filles-Dieu.

Rue du *Four-Basset*, laquelle est couverte de Maisons, & va de la rue aux Fers à la rue de la Juiverie, quartier du Palais & de la Cité.

Rue des *Fourreurs* aboutit rue des

FO

Déchargeurs, & au Cloître Ste Opportune.

Rue du *Fort-aux-Dames*, Cul de sac dans la rue de la Heaumerie, quartier S. Jacques de la Boucherie.

Rue de la *Folie-Mauricault*, au Fauxbourg du Temple, & Croix du Carrefour du Temple.

Rue de la *Folie-Regnault* a un bout à la rue des murs de la Roquette, & par corruption Raquette, & l'autre bout à la Campagne vers les Plâtrieres, Faubourg S. Antoine.

Rue des *Fontaines du Roy*, qui est au Fauxbourg du Temple, a un bout au chemin de S. Denis, & l'autre à la Courtille près la Croix du Carrefour du Temple.

Seconde rue des *Fontaines*, ou rue des Magdelonnettes: voyez MA ci-après.

Troisiéme rue des *Fontaines*, ou Jean-Môle, d'un bout à la rue d'Orleans, & de l'autre à la rue & place du Puits-l'Hermite au Faubourg S. Marcel.

Rue de la *Foire* aboutit rue du Four, & à la Foire S. Germain, quartier du Luxembourg.

Rue neuve des *Fossez de M. le Prin-*

ce, d'un bout aux coins des rues neuves S. Lambert & des Cordeliers, & l'autre bout au coin de la rue de Vaugirard, vis-à-vis la rue des Francs-Bourgeois, quartier S. Germain des Prez & du Luxembourg.

Rue neuve des *Foſſez S. Jacques*, ou ancienne Eſtrapade, commence d'un côté au coin de la rue S. Jacques, vis-à-vis la rue S. Hyacinte, & finit à la rue Bordet, en côtoyant les murs de l'Abbaye Ste Geneviéve; l'autre côté de ladite rue commence auſſi au coin de ladite rue Bordet, continue par la rue Contreſcarpe, va gagner le coin de la rue neuve Ste Geneviéve, de-là au coin du cul de ſac ou rue de la Potterie, & finit en ladite rue Saint Jacques.

Rue des *Foſſez S. Michel*, ou de S. Hyacinte, a un bout au coin de la rue de la Harpe, & carefour de l'ancienne porte de S. Michel, & l'autre au coin de la rue S. Jacques, vis-à-vis la rue des Foſſez S. Jacques, ou de S. Hyacinte.

Rue des *Foſſez S. Victor*, ou des PP. de la Doctrine Chrétienne au Fauxbourg S. Victor, & a un bout à la rue S. Victor, & l'autre aux rues bordet & neuve saint Etienne.

Rue des *Hauts Fossez S. Marcel*, a un bout au coin de la rue de Fer, & l'autre à la rue Gaultier-Regnault.

Rue neuve des *Fossez S. Bernard*, Faubourg S. Victor, a un bout à la porte & quay S. Bernard au coin de la Halle au vin, & l'autre à la rue S. Victor.

Rue des *Fossez S. Germain l'Auxerrois*, a un bout à la rue du Roûle, traversant la rue de l'Arbre-sec, & l'autre aux coins des rues du petit Bourbon & des Poulies.

Rue des *Fossez des Thuilleries* commence à la porte S. Honoré, & finit à la porte de la Conférence, au bord de l'eau devant le Cours de la Reine.

Rue neuve des *Fossez S. Germain des Prez*, a un bout aux coins des rues des Boucheries & des Cordeliers, & l'autre au Carrefour de Bussy aux coins des rues S. André des Arts & de Bussy.

Rue neuve des *Fossez S. Denis*, ou neuve des Filles-Dieu sur le Rempart, a un bout à la rue Ste Anne à la Barriere, & l'autre à la Basse-Ville neuve & à la porte S. Denis à côté du Cours.

Autre rue des *Fossez S. Denis*, ou

de sainte Appolline, a un bout à la rue sainte Anne & à la nouvelle France, & l'autre à la porte S. Denis.

Rue des *Fossez du Faubourg S. Martin* commence à la porte S. Martin, & finit à la rue du Faubourg du Temple & à la Courtille.

Rue des *Fossez du Fauxbourg du Temple*, a un bout au Faubourg du Temple, & l'autre au pont aux Choux.

Rue neuve des *Fossez Montmartre*, commence au coin de la rue neuve S. Eustache, & finit à l'extremité du Faubourg Montmartre jusqu'à Notre-Dame de Lorette, le Faubourg y compris.

Autre rue des *Fossez Montmartre*, d'un bout à la rue Montmartre, & de l'autre à la place des Victoires.

Autre rue appellée neuve des *Fossez Montmartre*, ou neuve Feydeau : voiez FE cy-devant.

Il y a encore deux rues Montmartre : voyez MO cy-après.

Rue des *Fossez S. Antoine* commence à droite en sortant de la porte S. Antoine, & finit sur le bord de la riviere vers le petit bâteau du passage du port au Plâtre.

Rue neuve *S. François* aboutit rue saint Loüis, & à la vieille rue du Temple, quartier du Marais & du Temple.

Rue *Françoise*: il y en a trois; la premiere aboutit rue Pavée proche l'Hôtel de Bourgogne, & rue Monconseil, quartier des Halles.

La Seconde aboutit à la rue Gratieuse, & à la rue du Puits-l'Hermite, au faubourg S. Marceau.

La Troisiéme, appellée la rue du Roi doré, a un bout à la rue Saint Loüis, & l'autre bout à la rue Saint Gervais & de Torigny, quartier du Temple & du Marais.

Rue des *Frondeurs* a un bout au coin de la rue de l'Evêque, vis-à-vis la rue de l'Anglade, & de l'autre bout à la rue Saint Honoré.

Rue des *Francs-Bourgeois*: il y en a trois; la premiere au bout de la vieille rue du Temple, tirant vers la culture Ste Catherine, quartier S. Antoine.

La seconde, d'un bout au Faubourg saint Marcel vers la fausse Porte, & de l'autre à la Barriére de l'Estrapade.

La troisiéme, d'un bout au coin de la rue de Vaugirard vis-à-vis la rue des fossez de M. le Prince, & de l'autre bout à la rue d'Enfer, quartier du Luxembourg.

Rue *Frepillon*, ou Fripillon, aboutit rue de la Croix & rue du Puits de Rome proche la rue S. Omer, quartier Saint Nicolas des Champs.

Rue de la *Friperie*, dite la grande, d'un bout à la rue de la Tonnellerie vis-à-vis les pilliers du même nom, quartier des Halles.

Rue de la *Friperie*, dite la petite, d'un bout à la rue de la Tonnellerie vis-à-vis les pilliers du même nom, & de l'autre au Marché aux Poirées des Halles.

Rue *Froid-Manteau*, par corruption Fromentel, ou Fremental, au bout de la rue des Sept-Voyes, vis-à-vis le Puits-Certain, & aboutit à la rue S. Jacques, quartier de l'Université.

Rue de la *Fromagerie* aboutit rue de la Lingerie, & au Carrefour du Pont-Alais vis-à-vis Saint Eustache, quartier des Halles.

Rue *Fromenteau*, donne d'un bout vis-à-vis le Palais Royal, & aboutit à la rue des Orties.

Rue des *Fuseaux*, dans la rue S. Germain l'Auxerrois, aboutissant au Quai de la Megisserie, quartier sainte Oportune.

Rue du *Fumier* aboutit à la rue Moreau, & à la rue des Fossez Saint Antoine.

Rue de *Furstemberg*, d'un bout à la rue du Colombier, & de l'autre à la grille de la basse cour du Palais Abbatial, tenant autour de l'Eglise de Saint Germain des Prez.

G A

Rue *Gaillard*, au Fauxbourg saint Antoine vers le chemin de Charenton.

Rue *Galande*, depuis la Place Maubert, jusqu'à la Fontaine Saint Severin, quartier Saint Severin.

Rue *Ganivet*, ou du Cannivel, proche la rue des Fossoyeurs, & aboutit à la rue Ferron, au quartier Saint Germain des Prez & du Luxembourg.

Rue *Galisée*, dans la cour du Palais où est l'entrée de Mr. le premier Président.

G A

Rue *Gaillard-bois*, c'est Verd-bois: voyez ci-aprés VE.

Rue de *Gaillon*, ou Neuve Saint Roch, commence à la rue Neuve des petits Champs, & finit à la rue neuve de Saint Augustin, quartier Montmartre.

Autre rue de *Gaillon*, ou neuve S. Roch, a un bout à la rue saint Honoré à côté de l'Eglise saint Roch, & l'autre bout au coin de la rue des petits Champs, quartier du Palais Royal.

Rue *Gaultier-Regnault*, Fauxbourg saint Marcel, commence à la fausse Porte S. Marcel devant les Gobelins, & finit au chemin de Ville-Juif.

Rue *Garanciére*, ou Garancée, d'un bout à la rue des Aveugles, & de l'autre à la rue de Vaugirard, quartier S. Germain des Prez, & du Luxembourg.

Rue des *Vieilles Garnisons*, qui aboutit rue de la Tixerandrie, & à la rue du Pet au Diable, quartier de la Gréve.

G E

Rue *Ste Genevieve*, proche sainte Genevieve des Ardens; c'est un petit cul de sac où rend la petite porte de derriére de ladite Eglise, & qui aboutit à la rue Saint Chriſtophe, quartier de la Cité.

Seconde rue *Ste Geneviéve*, ou de la Montagne : voyez MO ci-après.

Troiſiéme rue *Ste Geneviéve*, appellée rue neuve, au Fauxbourg ſaint Marcel d'un bout à la rue des Poſtes, & de l'autre aux coins des rues Contreſcarpe & Foſſez de l'ancienne Eſtrapade.

Rue *Geoffroy-Langevin* a un bout dans la rue Beaubourg, & l'autre à la rue Sainte Avoye, quartier S. Martin.

Rue *Geoffroy-Laſnier*, d'un bout au Port au Foin, & de l'autre à la rue S. Antoine.

Rue *S. Germain l'Auxerois*, commence au coin du carrefour des trois Maries, & finit au coin de la rue Saint Denys, & Marché de la Porte de Paris.

Petit Cul de Sac dans le Cloître *S. Germain l'Auxerrois*, vis-à-vis une des portes.

Rue *Gervais*, ou des Morins, proche les rues Saint François & de Torigny, quartier du Marais.

Rue *Gervais Laurent*, d'un bout à la rue de la vieille Draperie, de & l'autre à la rue de la Juiverie, quartier de la Cité.

G E

Rue *Gergeau* aboutit dans la rue Sainte Anne, quartier Saint Roch.

Rue de *Gêvres* aboutit au Quay de la Megisserie d'un coté, & au Pont Notre-Dame de l'autre.

La Ruelle de *Gêvres*, d'un bout à la vieille Place aux veaux, & de l'autre à la rue de Gêvres.

Rue *Gerard-Boquet*, d'un bout à la rue des Lions, & de l'autre aux coins des rues neuve Saint Paul, & des trois Pistolets près la rue Beautreillis, quartier de la rue Saint Antoine.

G I

Rue *Gilles-Cœur*, ou Gilles-le-Cœur, aboutit au Quay des grands Augustins & dans la rue Saint André des Arts, même quartier.

Rue neuve *S. Gilles* aboutit à la rue Saint Loüis vis-à-vis la rue du Parc Royal, & aux Remparts & Cours de la Ville, quartier du Marais.

Petite rue neuve *S. Gilles*, ou le bout des Tournelles, a un bout à la rue neuve Saint Gilles, & l'autre aux remparts & cours de la Ville, quartier du Marais.

Autre rue *S. Gilles*, ou neuve S. Magloire : voyez MA ci-après.

G I

Rue du *Gindre*, dans la rue Cassette, & qui aboutit rue du vieux Colombier & rue de Mezére, quartier du Luxembourg.

G L

Rue de *Glatigny*, dans la rue des Marmouzets proche l'Hôtel des Ursins, quartier de la Cité.

Cul de Sac de *Gloziette*, qui est la Boucherie du petit Pont.

G O

Rue des *Gobelins*, anciennement dite de Bievre, au bout du Fauxbourg S. Marcel vers la Fausse Porte, vis-à-vis la rue de la Reyne-Blanche, & l'autre bout à la rue des Marmouzets.

G R

Rue *Gratieuse* aboutit rue Coupeaux & rue du Noir, Fauxbourg S. Marcel.

Rue du *Grand-Chantier*, au Marais proche les Enfans-Rouges, & aboutit à la rue de Chaume.

Rue des *Gravilliers*, d'un bout à la rue Transnonain, & de l'autre à la rue du Temple, quartier Saint Martin proche Saint Nicolas des Champs.

Rue

G R

Rue *Gronnière*, ou Lengrognerie, ou petit Saint Martin, aboutit d'un coté aux rues de Beauſſe & de la Friperie, & l'autre coté traverſant par deſſous des maiſons, rend dans la rue de la Cordonnerie, quartier des Halles.

Rue du *Gros-Chenet* aboutit à la rue de Clery & à la rue du Centier qui conduit aux Remparts, quartier Montmartre.

Rue de *Grenelle*, d'un bout au Carrefour de la Croix Rouge, & de l'autre à la Barriére des Invalides, quartier Saint Germain des Prez.

Autre Rue de *Grenelle*, d'un bout à la rue Coquilliere, & de l'autre à la rue Saint Honoré, quartier Saint Euſtache.

Rue *Grenier-Saint Ladre*, par corruption dit Saint Lazare, aboutit à la rue Saint Martin, & à la rue Michel-le-Comte, quartier Saint Martin.

Rue *Grenier-ſur-l'eau*, aboutit rue Geoffroy-Laſnier, & à la rue des Barres, quartier de la Gréve & de Saint Antoine.

Autre rue *Grenier*, au quartier des Halles vers la rue de la Friperie & rue de la Cordonnerie.

D

G R

Rue du *Gril*, où sont les Réligieuses du Verbe Incarné proche le Puits-l'Hermite, qui aboutit à la rue d'Orleans & à la rue Censier, Fauxbourg saint Marcel.

Rue des *Grands Degrez*, commence aux coins des rues de Bievre, & des Grands Degrez, & finit à l'Abreuvoir, quartier de la place Maubert.

Cul de sac de la *Grange-Bâteliere* a un bout à la rue de Richelieu, & finit en Cul de sac.

Rue *Grenoüille*, ou du Poirier: voyez ci-après PO.

Rue du *Grand-Heuleu*: voyez ci-aprés HE.

Rue *Greneta*, c'est Darnetal: voyez ci-devant DA.

Cul de sac de la *Grosse-Tête*, au milieu de la rue des Filles-Dieu.

G U

Rue *Guenegaut*, au bout du Pont-Neuf vers la rue Mazarine, au Quay de Conti, quartier saint André des Arts.

Rue *Guerin-Boisseau*, vis-à-vis le Prieuré de saint Martin des Champs, & aboutit rue saint Denis.

Rue *Guillaume* aboutit rue des saints

Peres & rue saint Dominique, quartier saint Germain des Prez.

Autre rue *Guillaume* aboutit rue saint Loüis & au Quay d'Orleans dans l'Isle Notre-Dame.

Rue *Guillaume-Josse*, ou des trois Maures, a un bout à la rue des Lombards, & l'autre à la rue Trousse-Vache, quartier saint Jacques de la Boucherie.

Rue *Guisarde*, d'un bout à la place de la Foire saint Germain, & de l'autre à la rue des Canettes, quartier saint Germain des Prez.

Cul de sac de *Guespine* rend par des maisons à la rue Geoffroy-Lasnier, & ferme la nuit, quartier saint Paul.

Cul de sac du *Guichet* a un bout au coin de la rue de Bourbon-le-Château quartier saint Germain des Prez.

Cul de sac de *Guimenée*, ou des Filles de la Croix, quartier saint Antoine.

Rue *Guillemin*, ou de la Corne : voyez ci-devant C O.

Le Carrefour *Guillery* : voyez ci-devant C A.

H A

Ruë des *Halles*, ou des Pilliers des Halles, depuis la rue de la Fromagerie, jusqu'à la rue de Tioüanne ou Piroüanne.

Rue des *Hauts-Fossez* : voyez ci-devant FO.

Rue de la *Vieille Harangerie*, qui aboutit rue de la Tableterie, & à la rue du Chevalier du Guet, vers sainte Oportune.

Rue du *Harlay*, tend d'un bout au Quay de l'Orloge par corruption dit des Morfondus, & au Quay des Orphévres proche la Cour neuve du Palais.

Rue de la *Harpe*, d'un bout à la porte saint Michel, autrefois apellée la porte du Diable Vauvert, & de l'autre à la rue Vieille-Bouclerie, quartier saint Severin.

Rue des *Vieilles Haudriettes* aboutit à la rue Michel-le-Comte proche la rue du Temple, même quartier.

Autre petite rue des *Haudriettes* aboutit à la rue de la Mortellerie, & au Port au Foin, quartier de la Gréve.

Rue *Haute-Feüille* aboutit rue des Cordeliers, & rue saint André des Arts, même quartier.

Rue du *Hasard* aboutit rue Traversiére & rue sainte Anne, quartier du Palais Royal.

HA

Rue du *Haut-Moulin*, proche S. Denis de la Chartre dans la rue de la Juiverie, & aboutit rue du Chever saint Landry & rue de Glatigny, quartier de la Cité.

HE

Rue de la *Heaumerie*, proche la rue de la vieille Monoye, aboutit à la rue des Ecrivains, & à la rue saint Denis même quartier.

Rue *petite Heaumerie*, au même quartier.

Rue *Hennequin*, Annequin, rue Blanche, ou de la Croix-Blanche, donne d'un bout dans la vieille rue du Temple, & de l'autre au coin de la rue Bourtibourg, à côté du Cimetiére saint Jean en Gréve.

Rue des *deux Hermites* : voyez ci-devant DE.

Rue du *Heuleu* ou Hurleur : voyez ci-après HU.

HO

Rue de l'*Homme armé* aboutit rue sainte Croix de la Bretonnerie, & rue des Blancs-Manteaux, quartier sainte Avoye.

Rue *S. Honoré*, depuis le Cimetiére

des saints Innocens, jusqu'au Palais Royal.

Seconde rue *S. Honoré*, depuis le Palais Royal jusqu'à la porte S. Honoré.

Troisiéme rue *S. Honoré*, dite rue du Fauxbourg de ce nom, prend depuis la porte de la Ville jusqu'au Roûle.

Rue du *Houssaye*, ou de la Longue-Allée, a un bout à la rue de l'Egout, & l'autre à la rue saint Denis à côté des Filles saint Chaumont, quartier saint Denis.

H U

Rue de la *Huchette* aboutit rue de la vieille Bouclerie proche le Pont saint Michel, & à la rue du petit Pont proche le petit Châtelet.

Autre rue de la *Huchette*, qui a un bout à la rue Neuve Notre-Dame, & l'autre à la rue saint Christophe, quartier de la Cité.

Rue du *Hurepoix*, ou de Hurpoix, d'un bout au Pont saint Michel, & de l'autre à l'entrée du Quay des Grands Augustins, quartier saint André des Arts.

Rue du *Grand Hurleur*, vulgairement dite du Heuleu ou Huleu, aboutit rue saint Martin proche saint Nico-

H U

las des Champs, & rue Bourlabbé vis-à-vis la rue des Gravilliers, quartier saint Martin.

Rue du *petit Hurleur*, ou Heuleu, d'un bout à la rue saint Denis, & de l'autre à la rue Bourlabbé.

H Y

Rue *Hyllerin-bartin*, ou Villerain, ou rue saint Sauveur, aboutit rue de Grenelle devant l'Orangerie du Roy, & l'autre bout à la rue de Varenne, quartier saint Germain des Prez.

Rue *S. Hypolite*, proche l'Eglise du même nom, aboutit à la rue de l'Oursine & à la rue du Fauxbourg saint Marcel.

Rue neuve *Ste Hyacinte*, qui étoit il y a quelques années le Fossé depuis la porte saint Jacques jusqu'à la porte saint Michel.

Cul de sac *Ste Hyacinte* a son entrée par la rue de la Sourdiére, & sert de passage au Cloître des Jacobins: voyez ci-aprés J A.

Rue *S. Hylaire*, ou rue du Mont saint Hylaire: voyez ci-aprés M O.

Rue *Hyrondelle*, ou de l'Hyrondelle, aboutit à la rue Gilles-Cœur, & à la place du Pont saint Michel, quartier saint André des Arts. D 4

Rue *Jacob* a un bout à la rue de Sorbonne, & l'autre à la rue du Colombier, quart. S. Germain des Prez.

Rue *S. Jacques de la Boucherie* aboutit rue Planche-Mibray, & au Grand Châtelet vers la rue saint Denis, quartier saint Germain l'Auxerrois.

Rue *S. Jacques du Haut-Pas*, dans le Fauxbourg saint Jacques, jusqu'à la Fausse Porte.

Rue *S. Jacques*, apellée la Grande, depuis la Porte de ce nom jusqu'à la Fontaine S. Severin, quart. S. Bênoît.

Vieille rue *S. Jacques*, Fauxbourg S. Marcel, qui aboutit au Pont aux Biches, & à la rue Censier.

Rue du *Jardin Royal*, vulgairement dit Jardin du Roy, le long du Jardin des Plantes, d'un bout à la rue saint Victor, & de l'autre au Rempart.

Petite rue du *Jardin Royal* aboutit rue de Seine derriére le Jardin Royal, Fauxbourg saint Victor.

Rue du *Jardinet*, autrefois dite du College-Mignon, derriére saint André des Arts, aboutit rue du Paon, & rue du Battoir.

Rue des *Jardins*, vers la rue de Joüy, qui aboutit rue des Barres & rue des

Prêtres de saint Paul, quartier saint Antoine.

Rue *Jacinthe* a un bout à la rue Galande, & l'autre à la rue des trois Portes, proche la Place Maubert.

Cul de sac des *Jacobins* qui, passant par la cour des Jacobins, va se rendre dans la rue saint Honoré; il est plus connu sous le nom de Cul de sac saint Hyacinthe, quartier Honoré.

Rue le *Jaindre*, ou du Gindre : voyez ci-devant G I.

Cul de sac du *Jardin des Commissaires*, au haut de la rue Montmartre proche l'Eglise saint Joseph.

J E

Rue *Jean-de-l'Epine* aboutit rue Jean-Pain-Mollet, & rue de la Vannerie, quartier de la Gréve.

Rue *Jean-Tison* aboutit rue des Fossez saint Germain l'Auxerrois, & rue Bailleul, quartier du Louvre.

Rue *Jean-Lointier*, ou Lentier, autrement dite des Orfévres, ou Deux-portes : voyez D E cy-devant.

Rue *Jean-Môle*, ou la triosiéme rue des Fontaines : voyez F O cy-devant.

Rue *Jean-pain-mollet* aboutit rue des Assis ou Arcis, & rue Jean de l'Epi ne, quartier de la Gréve.

Rue *Jean-S. Denis*, proche la rue de Beauvais, aboutit rue S. Honoré, & à la place du Louvre, même quartier.

Rue des *Jeûneurs*, proche la rue S. Fiacre, aboutit à la rue du gros-Chenet, & à la porte Montmartre, même quartier.

Autre rue des *Jeûneurs*, au coin des rues Censier & du gros-Chenet d'un bout, & à la rue Montmartre de l'autre.

Rue *S. Jean de Latran*, depuis le coin de la rue S. Jean de Beauvais, jusqu'à la grande porte du Cloître de S. Jean de Latran, vis-a-vis le College Royal.

Rue *S. Jean de Beauvais*, d'un bout à a rue des Noyers près la place Maubert, & de l'autre au Puits-Certain, quartier de l'Université.

Rue du Cloître *S. Jean en Gréve*: cy-devant voyez CL.

Rue du *Petit Jésus*, proche la rue du Petit-Carreau, quartier de la rue Montmartre.

Rue *Jean-treillis*, ou Beau-treillis: voyez BE cy-devant.

Cul de sac de *Jean de Cambray*, Faubourg S. Victor.

J E

Rue *Jean-le-maître*, ou des Cholets : voyez ci-devant CH.

Rue *Jean-beau-sire*, d'un bout vers la porte S. Antoine devant la Bastille, & de l'autre au Rempart, ou nouveau Cours de la porte S. Antoine.

Rue *Jean-de-Beausse*, près la rue de la Friperie, quartier des Halles.

Rue *Jean-Gilles*, ou de la Realle, a un bout à la grande rue de la Truanderie, & l'autre aux Pilliers des Halles.

Rue *Jean-Robert* aboutit rue Saint Martin & rue Transnonin, vis-à-vis la rue des Gravilliers, quartier S. Martin.

Rue de *Jerusalem* traverse du Quay des Orphévres, vis-à-vis l'Hôtel de Mr. le Premier Président, & rend à la Cour ancienne du Palais.

Cul de sac de *Jerusalem* passe au travers d'une maison à côté de sainte Geneviéve des Ardens, & rend à la rue neuve Notre-Dame, quartier de la Cité.

Rue *Jean-chat-blanc*, ou des Rats, aboutit rue S. Jacques de la Boucherie; elle a aussi son cul de sac appellé du Chat blanc.

J O

Rue *Joquelet* a un bout à la rue

Montmartre, & l'autre à la rue Notre-Dame des Victoires devant les Filles saint Thomas, quartier Montmartre.

Rue *S. Joseph*, ou du Tems perdu : voyez TE cy-après.

Rue de *Jouy* aboutit rue S. Antoine & rue des Prêtres S. Paul, vis-à-vis la rue Tiron, quartier de Saint Antoine.

Rue du *Jour*, devant le grand portail de saint Eustache, & aboutit rue Coquilliere, & rue Montmartre.

Cul de sac de ladite rue, appellé de Monsieur Saugé.

Rue de la *Joüaillerie*, & par corruption on la nomme rue vieille Chevalerie : voyez CH cy-devant.

J U

Rue de la *Juiverie* est depuis la Magdelaine jusqu'à la rue de la Calendre, quartier de la Cité proche S. Denis de la Chartre.

Rue *Judas*, d'un bout à la rue des Carmes, & de l'autre à la Montagne Ste Geneviéve, quartier de l'Université.

Rue des *Juifs*, vis-à-vis la porte de derriere du petit S. Antoine, & aboutit rue du Roy de Sicile & rue des Roziers, quartier saint Antoine.

Rue *S. Julien-le-Pauvre*, depuis la rue de la Bucherie, jusqu'à la rue Galande près la place Maubert.

Rue *S. Julien des Menetriers*, dans la rue saint Martin, & aboutit à la rue Beaubourg.

Rue de la *Juſſienne*, d'un bout à la rue Coquilliere, & de l'autre à la rue Montmartre, même quartier.

L A

RUe neuve *S. Lambert*, autrement dite de Condé : voyez CO cy-devant.

Rue *S. Landry*, derriere le Cloître Notre-Dame, aboutit rue des Marmouzets, & rues d'Enfer & des bas Urſins, quartier de la Cité.

Cul de ſac *S. Landry*, même quart.

Rue de la *Lanterne*, d'un bout à la rue de la Juiverie, & de l'autre au Pont Notre-Dame, quartier de la Cité.

Rue de la *Vieille Lanterne*, aboutit rue de la Tuerie ou place aux Veaux, & à la rue du Pied de Bœuf, quartier de la Gréve.

Rue de la *Lanterne*, ſon propre nom eſt rue de la Dentelle : voyez DE ci-devant.

LA

Petite ruelle de L'*Arcade*, ou avenuë de l'Hôtel de Mr. le Premier Président, on la nomme rue de Jerusalem: voyez JE cy-devant.

Rue au *Lard*, d'un bout à la Boucherie de Beauvais, & de l'autre à la rue de la Lingerie, quartier des Halles.

Rue de *Lasnier*, dans la rue de la Mortellerie, c'est Geoffroy-Lasnier: voyez GE cy-devant.

Rue *Langevin*, c'est Geoffroy-Langevin: voyez GE cy-devant.

Rue des *Lavandieres* aboutit à la rue Galande & à la rue des Noyers, quartier de la place Maubert.

Autre rue des *Lavandieres* aboutit à la rue saint Germain l'Auxerrois proche l'abreuvoir Marion, & au Cloître sainte Opportune, même quartier.

Rue de *Laumel* cottoye la plaine de Grenelle, & aboutit à l'Hôtel Royal des Invalides, quartier saint Germain des Prez.

Rue de L'*Arbalêtre* aboutit à la rue des Charbonniers, & à la rue des Postes, au milieu du Faubourg S. Marcel, proche saint Medard.

Rue de *Laire* aboutit à la rue de la Raquette, & à la rue S. André, Faubourg saint Antoine.

L A

Rue de L'*Arbre-sec* prend depuis S. Germain l'Auxerrois, jusqu'à la Croix du Trahoir, quartier saint Honoré.

Rue de L'*Aiguillerie*, au Cloître Ste Opportune: elle fait une partie du tour de l'Eglise, & aboutit aux rues de la vieille Cordonnerie, des Fourreurs, des Lavandieres, de la Harangerie, de la Tabletterie & Courtalon.

Rue de L'*Archer*, ou de l'Abreuvoir-Marion, d'un côté à saint Germain l'Auxerrois, & de l'autre à la riviere.

Rue de L'*Abreuvoir-Popin*, & par corruption Pepin, quartier saint Germain l'Auxerrois.

Rue de L'*Anglade* aboutit rue Traversine, au coin de la rue de l'Evêque, vis-à-vis la rue des Frondeurs, quartier du Palais Royal.

Cul de sac de L'*Asne rayé*, appellé la porte aux Peintres, rue saint Denis, vis-à-vis la rue Monconseil.

Rue neuve S. *Laurent* donne d'un bout à la rue de la Croix & au Pont aux Biches, & de l'autre à la rue du Temple, entre les Peres Nazareths & les Filles de sainte Elizabeth, quartiers saint Denis & saint Martin.

Rue du Faubourg S. *Laurent* commence à la Grille vis-à-vis le grand

LA

Egout, & conduit au chemin de la Chapelle.

Cul de sac appellé rue neuve de S. Laurent, dans la rue des Filles-Dieu, ou fossez saint Denis.

Rue S. Ladre, & par corruption saint Lazare, va d'un bout à la fontaine qui est auprès de la Foire, & de l'autre au Faubourg saint Denis.

LE

Rue S. Leu, S. Gilles, ou rue neuve S. Magloire, aboutit à la rue Salle-au-Comte, proche les Dames de saint Magloire, anciennement dites les Filles Penitentes dans la rue saint Denis, même quartier.

Cul de sac de L'Empereur, rue S. Denis, vis-à-vis l'Hôpital de la Trinité.

Rue de la Levrette, ou de Prenelle, a un bout à la rue du Malthois, & l'autre à la rue de la Mortellerie, qui rend au Quay de la Gréve.

Rue de L'Echarpe, ou du Roy Henry IV. aboutit à la rue neuve sainte Catherine & à la rue saint Loüis d'un côté, & de l'autre à la Place Royale, quartier saint Antoine.

Rue de L'Echelle du Temple, auprès des vieilles Haudriettes, a un bout à la rue du Temple, vis-à-vis la rue Michel-le-Comte, & l'autre bout au coin de la rue des Quatre-Fils, quartier du Temple.

Rue de *L'Echelle*, ou de l'Echaudé, a un bout à la rue saint Honoré, & l'autre à la rue saint Loüis, quartier du Palais Royal.

Rue de *L'Epée de bois*, Faubourg S. Marcel, a un bout à la rue Mouffetard, & l'autre bout au Champ d'Albiac, ou Petits-Champs.

Rue de *L'Eperon* a un bout dans la rue saint André des Arts, & l'autre au coin du cul de sac de la Cour de Roüen, vis-à-vis la rue du Jardinet, quartier saint André des Arts.

Rue de *L'Etoille*, ou rue des Petites Barrieres, a un bout à la place Mosis, & l'autre bout au carrefour de l'Hôtel de Sens, au coin de la rue de la Mortellerie & des Barrieres; elle rend à la descente du Pont-Marie.

Cul de sac de *L'Etoille*, il dépend de la rue de la Corderie ou Thevenot. Cette rue a deux noms : voyez CO cy-devant.

Rue de *L'Evêque* a un bout au Parvis de N. Dame & au Pont de l'Hôtel-Dieu, quartier de la Cité.

Rue *Lengrognerie*, ou Gronniere, ou Petit Saint Martin : voyez G R cy-devant.

Rue de *S. Leufroy*, ou du Châtelet, a un bout sous la voûte, vis-à-vis le marché de la Porte de Paris, & l'autre au coin des rues de Gêvres & Va-trop-qui-dure, vis-à-vis le Pont au Change ; il y avoit là l'Eglise de saint Leufroy qui étoit une Parroisse, & qui a été enclavée dans la prison du Châtelet pour l'agrandir.

Rue *Lentier*, Jean-Lointier, ou des Deux Portes : voyez DE cy-devant.

Cul de sac de *L'Echiquier*, qui dépend de la rue du Temple.

Rue de *L'Echaudé* : Il y en a trois ; la premiere, a un bout à la rue de Poitou, vis-à-vis la rue de Limoges, & l'autre bout à la vieille rue du Temple vis-àvis la rue Françoise, quartier du Marais.

La seconde, a un bout à la rue au Lard, & l'autre à la rue de la Potterie, quartier des Halles.

La troisiéme, a un bout à la rue de Seine, traversant la rue du Colombier, & l'autre bout au coin de la rue de Bourbon-le-Château, quartier S. Germain des Prez.

L E

Rue de L'*Egout* : Il y en a trois ; la premiere appellée l'Egout du Ponceau, proche la Fontaine du même nom, aboutit rue saint Martin & rue saint Denis.

La seconde, vers la rue sainte Marguerite, & aboutit rue du Four, & rue saint Benoît, quartier saint Germain des Prez.

La troisiéme répond d'un côté à la rue saint Antoine, & de l'autre à la rue sainte Catherine, quartier du Marais.

Rue de L'*Epée Royale*, dans la rue Montmartre, près saint Joseph.

L'*Estrapade* qui n'est plus sur les fossez saint Jacques, a été transferée au marché aux Chevaux.

L I

Rue de la *Limace* aboutit rue des Déchargeurs & rue des Bourdonnois, quartier sainte Opportune.

Rue de *Limoges* aboutit aux rues de Bretagne & de Poitou, & à la vielle rue du Temple, quartier du Marais.

Rue de la *Lingerie*, d'un bout à la rue saint Honoré, & de l'autre à la Halle aux Poirées.

Rue de la *Licorne* aboutit aux rues

saint Christophe & des Marmouzets derriere la Magdelaine, quartier de la Cité.

Rue du *Petit Lion* aboutit à la rue de Condé dite neuve de S. Lambert, & à la rue du Petit Bourbon près la rue de Tournon, quartier du Luxembourg.

Autre rue du *Petit Lion* aboutit à la rue Pavée & a la rue saint Denis.

Rue des *Lions* aboutit rue saint Paul & rue du petit Musc, quartier de la rue saint Antoine.

Rue de *Lionne*, ou de sainte Anne, aboutit rue Neuve des petits Champs, & rue Neuve de saint Augustin, quartier Montmartre.

L O

Rue de la *Longue-Allée*, ou de la Houssaye: voyez ci-devant H O.

Rue du *Louvre* dite de la Monnoye, vis-à-vis les Galleries du Louvre, aboutissant à la rue saint Nicaise.

Rue des *Lombards* d'un bout à la rue saint Denis près les Dames Hospitaliéres de sainte Catherine, & de l'autre à la rue saint Martin, quartier S. Denis.

Rue du *Long-Pont*, proche la rue du Monceau S. Gervais devant le grand

Portail de l'Eglise, elle rend à la rue de la Mortellerie, quartier saint Jean en Gréve.

Rue *S. Loüis*, dans l'Isle neuve Notre-Dame, aboutit au Quay d'Alençon, & au Quay d'Orleans.

Seconde rue *S. Loüis*, vers le bout de la rue saint Honoré, & à la rue des Ecuries du Roy.

Troisiéme rue *S. Loüis* commence au coin de la rue du Parc Royal & rue Neuve saint Gilles, & finit rue Neuve sainte Catherine près la rue Normand, quartier saint Antoine.

Continuation de la grande rue *S. Loüis* commence à la rue du Parc Royal, & finit à la rue Neuve Boucherat, quartier du Temple & du Marais.

Quatriéme rue *S. Loüis*, d'un bout au Pont saint Michel vis-à-vis le Marché neuf, & de l'autre au Quay des Orphévres, quartier du Palais.

Cinquiéme rue *S. Loüis*, ou rue du Chant, ou Champ de l'Allouette: voyez ci-devant C H.

Rue de *Loüis-le-Grand* commence aux coins des rues Neuve des petits Champs, & Neuve des Capucins, & finit aux remparts & cours de la Ville, quartier de la Place des Victoires.

L O

Rue de L'*Ourſine* donne d'un bout au Pont aux Tripes & à la rue des Filles Angloiſes, au Fauxbourg S. Marcel.

Rue du *Louvre*, depuis la rue S. Honoré, juſqu'à l'abreuvoir du Louvre.

Autre rue du *Louvre*, dite de la Monnoye, vis-à vis les galleries du Louvre, aboutiſlant à la rue ſaint Nicaize.

Rue de L'*Obſervance* : elle eſt nouvelle, & aboutit aux rues des Cordeliers vers les foſſez de Mr. le Prince.

Cul de ſac de L'*Opera*, ou Courtavoye : voyez ci-devant C O.

Cul de ſac de L'*Orangerie*, près la porte de ſaint Honoré.

L U

Rue de la *Lune*, ſur les remparts de la Ville neuve proche la porte ſaint Denis, & aboutit à la rue des Poiſſonniéres.

Rue de L'*Univerſité*, près la rue des SS. Peres, d'un bout à la rue de Sorbonne, & de l'autre à la rue de belle Chaſſe, quartier ſaint Germain des Prez.

Rue du *Lude*, ou des Brodeurs : voyez ci-devant B R.

L Y

Rue des *Lyonnois* aboutit rue de l'Oursine & rue des Charbonniers, Fauxbourg saint Marcel.

M A

Rue de la *Magdelaine* de la Ville l'Evêque, proche l'Eglise du même nom.

Cul de sac de la *Magdelaine* aboutissant à la rue saint Dominique, quartier du Luxembourg.

Rue neuve *S. Magloire*, ou de saint Leu saint Gilles : voyez ci-devant LE.

Rue du *Mail*, devant la rue de Clery, aboutit à la rue de Notre-Dame des Victoires, & à la rue Montmartre, même quartier.

Rue du *Martrois*, ou Malthois, vers la Gréve sous l'Hôtel de Ville, rend à la rue du monceau saint Gervais.

Rue de *Matignon*, dans la rue saint Thomas du Louvre, aboutit à la rue des Orties, quartier du Palais Royal.

Rue *Maquignonne*, d'un bout au Marché aux chevaux, & de l'autre à la rue des Saussayes, Fauxbourg S. Victor.

Rue de la *Marche* aboutit rue de Bretagne, & rue de Poitou, quartier du Marais & du Temple.

Rue *S. Marc*, d'un bout à la Porte de Richelieu, & de l'autre à la Porte Montmartre.

Ruelle du *Marais du Temple*, d'un bout à la rue du Fauxbourg; & de l'autre à la rue des Fossez du Temple.

Rue des *Marais*: on en compte quatre; la première va d'un bout à la rue de Seine, & de l'autre à la rue des petits Augustins, quartier saint Germain des Prez.

La seconde rend d'un bout dans le Fauxbourg saint Martin, & de l'autre dans le Fauxbourg du Temple.

La troisième est au Fauxbourg saint Denis.

La quatrième qui est au Fauxbourg saint Antoine, aboutit rue des Fossez saint Antoine & rue Moreau.

Petite ruelle des *Marais*, hors la porte saint Honoré, qui conduit au Cours de la Reine.

Rue *Ste Marguerite*, proche la rue des Boucheries, aboutit au petit Marché & rue de Taranne, quartier S. Germain des Prez.

Autre rue *Ste Marguerite* aboutit à la rue de Charonne, & à la rue du Fauxbourg saint Antoine.

Rue

Rue *Ste Marine*, proche la rue saint Pierre aux bœufs, c'est un cul de sac, quartier de la Cité.

Rue des *Marionnettes*, au Fauxbourg saint Jacques, aboutissant de celui de saint Marcel à l'Eglise saint Jacques du Haut-Pas.

Rue *Marivaut*, d'un bout à la rue des Lombards, & de l'autre à la rue des Ecrivains, quartier saint Jacques de la Boucherie.

Petite rue *Marivaut* aboutit à la grande rue ci-dessus, & à la rue de la vieille Monnoye, même quartier.

Rue des *Marmouzets* aboutit rue de la Colombe, & à la rue de la Juiverie, quartier de la Cité.

Autre rue des *Marmouzets*, proche la riviére des Gobelins, & l'Eglise S. Hypolite au bout du Fauxbourg saint Marcel.

Cul de sac de *S. Martial*, dans la rue de la Savaterie, quartier du Palais.

Rue *S. Martin*, depuis saint Mederic jusqu'à la porte de la Ville dite saint Martin.

Rue *S. Martin*, qui est celle du Fauxbourg depuis la porte de la Ville, jusqu'à la fausse porte auprès de saint Laurent.

E

M A

Rue neuve *S. Martin* va depuis la porte saint Martin jusqu'à la porte du Temple, & aboutit au pont aux Biches. Il y a un cul de sac du même nom.

Rue neuve *S. Martin* aboutissant à la rue saint Denis.

Petite rue *S Martin*, ou Groniére, ou Lengrognerie : voyez ci-devant G R.

Rue *Martin-Poirée* par corruption, car c'est Bertin-Poirée : voyez ci-devant B E.

Rue *Mâcon*, dans la rue saint André des Arts, & aboutit rue de la vieille Bouclerie au coin de la rue de la Harpe, quartier saint André des Arts.

Rue des *Maçons*, devant la place de Sorbonne dite rue neuve de Richelieu, & aboutit à la rue des Mathurins, quartier de la Sorbonne.

Rue des *Mathurins*, d'un bout à la grande rue saint Jacques, & de l'autre à la rue de la Harpe.

Rue *Maubué*, dans la rue saint Martin proche la fontaine Maubué, & dans la rue Simon-le-Franc, quartier saint Martin.

Rue des *Mauvais Garçons*, dans la rue des Boucheries, & aboutit à la rue de Buffy, quartier saint Germain des Prez.

Autre rue des *Mauvais Garçons*, qui va de la rue de la Tixerandrie à la rue de la Verrerie, quartier de la Gréve.

Rue des *Mauvaises paroles* aboutit rue des Bourdonnois, & rue des Lavandiéres, quartier Ste Oportune.

Rue neuve *S. Maur*, qui aboutit aux Incurables dans la rue de Séve, & à la rue du Cherche-Midi, quartier saint Germain des Prez.

Autre rue *S. Maur*, Fauxbourg saint Martin, aboutit au Fauxbourg saint Laurent par derriére l'Hôpital de S. Loüis, & à la rue du chemin de saint Denis.

Rue des *Trois Maures*: voyez ci-après TR.

Rue *S. Marcel*, au Fauxbourg saint Marcel, qui commence au Pont aux Tripes, & finit à la fauffe porte saint Marcel.

Rue *Ste Marie* aboutit à la rue de Bourbon vis-à-vis la petite porte de l'Eglife des Theatins, & à la rue de Verneüil, quartier saint Germain des Prez.

Rue *Mazarine* a un bout au coin de la rue Dauphine & carrefour de la rue de Buffy, & l'autre au coin de la rue de Seine & Quay de Conti, quartier du Luxembourg.

Ruë *Mazure* est une ruelle qui tient de la rue de la Mortellerie à la Place aux veaux, quartier de la Gréve.

Rue des *Magdelonnettes*, ou des Fontaines, aboutit à la rue du Temple, & à la rue de la Croix, quartier saint Martin.

Rue *Mache-Pain*, ou Taille-Pain: voyez ci-après TA.

Comme les Marchés sont des Places publiques qui donnent le nom à plusieurs quartiers, & qui souvent servent d'aboutissans à plusieurs rues, on a jugé à propos d'en donner une entiere connoissance, & de les placer ainsi qu'il s'ensuit pour la commodité d'un chacun.

LES MARCHE'S DE LA VILLE
& des Fauxbourgs.

LE *Marché* des Halles se divise en huit Halles toutes contiguës les unes aux autres, sçavoir.

La Halle, apellée Halle au bled; c'est là que se vendent les bleds & toutes sortes de graines, dont il se tire un extrait pour la reddition des comptes de tous les Fermiers, que l'on appelle l'apréciation des gros fruits; cette Charge est attachée à une seule de Greffier à la Police du Châtelet de Paris: dans cette Halle se fait la vente desdits grains & grenailles tous les Mercredis & Samedis; la chandelle s'y vend tous les Samedis, les fromages & beure les Jeudis après midy, le porc-frais & salé les Mercredis & Samedis; la Boissellerie, la Poterie, le Chanvre, la Fillace, & Corde à puits tous les jours. Cette Halle est entourée de maisons, & est fermée la nuit; il y a aussi un poids du Roy dans le milieu de la place.

Seconde Halle dite Halle à la Marée; c'est où se vend en gros tout le poisson de mer, qui arrive droit de la mer à cette Halle à trois heures du matin Hyver & Eté. Elle est couverte, & a son entrée sous la porte communément dite la porte Merdeuse, qui donne vis-à-vis le Carreau, & dans la rue de la Fromagerie.

Troisiéme Halle dite Halle à la Saline; c'est où se vend en gros tout le poisson salé, comme moruë, saumon, &c. Elle est couverte, & a son entrée qui ferme de nuit, sur le Marché au pain, vis-à-vis le Pilory.

Quatriéme Halle apellée Halle aux poissons d'eau douce, est située dans la rue de la Cossonnerie ; on ne vend qu'en gros dans cette Halle, aussi-bien que dans les autres ci-dessus énoncées, & on s'y assemble à deux & trois heures du matin pour fournir aux petits Marchés de la Ville : il y a dans la même rue la Juridiction des Vendeurs de poissons tant de mer que d'eau-douce, & on n'y connoit que des affaires qui regardent cette Marchandise.

Cinquiéme Halle qui est la grande place où est le Pilory, communément apellé le Carreau ; c'est là où l'on vend le pain, le beure & les œufs les Mercredis & Samedis. Derriére cette place on trouve une Croix qui est le lieu où l'on fait faire trois tours aux Cessionnaires, & où on leur donne le bonnet verd qui leur sert de quittance, lorsqu'ils rencontrent leurs Créanciers. Auprès de cette Croix il y a une place remplie d'échopes où se fait en détail la vente de toutes sortes de poissons. Un peu plus loin on trouve une autre place remplie aussi d'échopes, & que l'on apelle le Marché aux Poirées: on y vend en toutes saisons & tous les jours toutes sortes d'herbes tant médecinales que potagéres, & toutes sortes de fruits & des fleurs telles qu'on les peut souhaiter; en sorte que cette place est comme un jardin que l'art & la nature ont pris plaisir de former pour donner satisfactiou aux personnes les plus curieuses.

Sixiéme Halle, dite la Halle aux toilles, elle a son entrée dans la rue de la Toillerie, & elle est couverte & b en fermée.

Septiéme Halle dite la Halle aux draps; on y entre par les rues de la petite Friperie, Lingerie & Potterie: cette Halle ferme de nuit, & est bien couverte.

Huitiéme & derniére Halle, on la nomme la Halle au cuir, c'est où se vendent tous les cuirs qui entrent à Paris; elle aboutit rue au Lard, & a son entrée par la rue de la Lingerie.

Le *Marché* de la Place de Maître-Aubert & par corruption dite Maubert, est un des gros Marchés de la Ville, & donne d'un bout à la rue des Noyers & le bas de la montagne sainte

Geneviéve, jufqu'au pavé qui defcend à la riviére.

Le *Marché-neuf* commence au Portail faint Germain le vieil, & finit au bout du Pont faint Michel; il eft agrandi depuis peu par la démolition que l'on a faite d'une Boucherie couverte qui le rendoit imparfait, & par un Quay qui lui donne beaucoup d'air & d'ornement: la Croix qui eft à prefent au milieu de ce Marché, étoit autrefois devant l'Eglife.

Le *Marché* de la rue faint Antoine vis-à-vis les Jefuites, quartier faint Antoine.

Le *Marché*, Halle, ou Place aux vins, près la porte S. Bernard, quartier faint Victor. Il y a là un grenier à bled en cas de néceffité.

Le *Marché* de la porte de Paris, proche le grand Châtelet, quartier faint Jacques de la Boucherie.

Le *Marché* du Fauxbourg faint Germain des Prez, apellé communément le petit Marché, il eft cependant un des plus confidérables; il tient aux murs de l'Abbaye faint Germain des Prez, au bout de la rue de Buffy, vis-à-vis la rue des Boucheries.

Le *Marché* du Cimetiére faint Jean

en Gréve, donne d'un bout à la rue S. Antoine, & de l'autre à la rue de la Verrerie.

Le *petit Marché* de la Croix rouge au bout de la rue du Four, au Fauxbourg saint Germain des Prez.

Le *petit Marché* vis-à-vis saint Nicolas des Champs, au bout des rues S. Martin & Greneta.

Le *Marché* des Quinze-vingt au dessus de l'Eglise du même nom, dans la rue saint Honoré.

Le *petit Marché* proche le Temple.

Le *petit Marché* près saint Etienne des Grecs, au haut de la rue saint Jacques, quartier saint Benoît.

Le *petit Marché* de la Porte saint Michel, où l'on vend le pain, à l'entrée du Fauxbourg saint Michel.

Le *Marché* aux chevaux: on dit place, voyez PL.

Le *Marché* aux veaux: c'est place, voyez PL.

Rue du *Marché Pallu*, depuis la rue de la Calendre jusqu'au petit Pont, quartier de la Cité.

Rue du *Marché de la Triperie*, auprès du grand Châtelet.

Rue neuve *S. Médard* autrefois apellée d'Ablon: voyez cy-devant D A.

Rue des *Menetriers* aboutit à la rue Beaubourg, & à la rue faint Martin, quartier faint Martin.

Rue *S. Mederic*, & par corruption S. Mery, aboutit à la rue faint Martin, & à la rue de la Verrerie, quartier S. Martin.

Rue neuve *S. Mederic*, d'un bout à la rue faint Martin, & de l'autre à la rue Barre-du-bec, proche la rue Ste Croix de la Bretonnerie, quartier S. Martin.

Il y a le Cul de fac & le Cloître *S. Mederic*: voyez cy-devant C L.

Rue *Mézieres* aboutit à la rue Caffette, & à la rue Pot-de-Fer, quartier du Luxembourg.

Rue du *Mefnil-montant* aboutit à la rue du Pont-aux-Choux, & à la rue des Foffez & aux Cours de la Ville, quartier du Fauxbourg du Temple.

Rue de *Mêle*, ou Mélay, aboutit à la rue fainte Appoline dite de Bourbon, au quartier du Fauxbourg S. Martin.

Rue *Merderet*, on l'a nommé à préfent Verderet: voyez cy-après VE.

M I

Rue *Michel-le-Comte*, d'un bout à la rue Grenier saint Ladre proche la rue Beaubourg, & de l'autre à l'échelle du Temple.

Rue des *Minimes* aboutit à la grande rue saint Loüis, & à la rue des Tournelles, quartier du Marais.

Rue *Mignon* aboutit à la rue du Battoir, & à la rue du Jardinet, près la rue du Paon, quartier saint André des Arts.

Ruë du *Miroir*, quartier de la Place Maubert, vers la riviére.

M O

Rue des *Moineaux*, proche la rue de l'Evêque aboutit à la rue des Orties & à la rue neuve saint Roch, quartier du Palais Royal.

Rue de la *Moignon* a un bout à la Cour neuve du Palais, & l'autre au Quay de l'Horloge par dessous des Arcades.

Cour de la *Moignon* : cy-devant voyez C O.

Rue *Monconseil*, ou Mauconseil, traverse de la rue saint Denis à la rue Montorgueil, quartier saint Denis & des Halles.

M O

Rue *Mondetour* aboutit à la rue des Prêcheurs, & à la rue du Cigne proche le Cloître saint Jacques de l'Hôpital, quartier des Halles.

Rue de la *Monnoye*, dans la rue de saint Germain l'Auxerrois d'un bout, & de l'autre à la rue Betizy, quartier du Louvre.

Autre rue de la *Monnoye*, ou du Louvre : voyez L O cy-devant.

Rue de la *Petite Monnoye*, proche la rue de la Monnoye, quartier saint Germain l'Auxerrois.

Rue de la *Vieille Monnoye*, d'un bout à la rue de la Savonnerie, & de l'autre à la rue des Lombards. On travaille à l'élargir du côté de la rue des Lombards, quartier saint Jacques de la Boucherie.

Rue *Montmartre* la grande, d'un bout au Pont-Alais proche saint Eustache, & de l'autre à la Porte dite Montmartre.

Autre grande rue *Montmartre*, ou rue du Faubourg, depuis ladite porte Montmartre, jusqu'à l'Abbaye, & qui aboutit à la rue des Porcherons.

Il y a encore plusieurs rues *Montmartre*, ou des fossez Montmartre : voyez cy-devant F O.

Rue de *Montmorency*, au long du Cimetiére saint Nicolas des Champs, aboutissant à la rue Transnonin, & rue saint Martin, même quartier.

Rue *Montorgueil*, depuis la rue Comtesse d'Artois jusqu'à la rue du petit Carreau, quartier saint Eustache.

Rue de *Montreüil*, d'un bout au Faubourg saint Antoine, & de l'autre à la Barriere de Montreüil.

Rue du *Monceau*, ou du Mouceau saint Gervais, aboutit à la rue de Prenelle & à la rue du Malthois, & à la rue Regnault-le-Févre, quartier saint Jean en Gréve.

Rue du *Mont-S. Hilaire*, du Puits Certain, ou des Sept-voyes, a un bout au coin de la rue des Carmes, & l'autre au coin de la rue de saint Jean de Beauvais, quartier de l'Université.

Rue du *Mont-Sainte-Geneviéve* aboutit à la place Maubert & à la fontaine Sainte Geneviéve du Mont, vis-à-vis l'Eglise saint Etienne, même quartier.

Rue du *Morier*, proche les Carmes des Billettes, auprès de la rue de la Verrerie.

Rue des *Morfondus*, à presént dite rue neuve saint Etienne : voyez cy-devant ET.

Rue de la *Mortellerie*, d'un bout à la place de Gréve, & de l'autre à l'Hôtel de Sens & à la rue des Barres, quartier faint Paul.

Rue des *Moulins*, d'un bout à la rue de l'Evêque, & de l'autre à la rue Ste Therefe, quartier du Palais Royal.

Rue de *Mouſſy* aboutit à la rue de la Verrerie, & à la rue fainte Croix de la Bretonnerie, quartier Ste Avoye.

Rue *Mouffetard*, depuis la porte S. Marcel, jufqu'à la fauſſe porte du Faubourg, & elle aboutit à la rue Bordelle & au pont aux Tripes.

Autre rue *Mouffetard*, ou de Clery: voyez C L cy-devant.

Rue du *Mouton*, proche la rue de la Tixerandrie, jufqu'à la place de Gréve.

Rue du *Petit Moine* aboutiſſant à la rue Mouffetard, & à la rue de la Barre, au Faubourg faint Marcel.

Rue *Moreau* aboutit rues de la Rapée & de Charenton, & traverſant les Chantiers de Bois flotté, vient rendre fur le bord de la riviere, quartier du Faubourg faint Antoine.

Rue des *Morains*, ou rue Gervais: voyez GE cy-devant.

M U

Rue de la *Muette*, vers le pont aux Biches, d'un bout à la Croix Clamart, & de l'autre à la rue du Fer-à-moulin; entre le Faubourg saint Victor & celui de saint Marcel; il y a deux Ponts aux Biches : voyez cy-après PO.

Autre rue de la *Muette*, au Faubourg saint Antoine dans la rue de Charonne, aboutit à la Croix Fauxbin, & à la Barriere de la Raquette.

Rue des *Mulets* a un bout à la rue d'Argenteüil, & l'autre au coin de la rue des Moineaux & à la rue de l'Evêque, quartier du Palais Royal.

Rue du *Murier*, dans la grande rue saint Victor, vis-à-vis saint Nicolas du Chardonnet, elle aboutit à la rue Traversine, quartier saint Victor.

Rue du *Pas de la Mulle* : voyez PA cy-après.

Rue du *Petit Musc* : voyez PE cy-après.

N A

Rue de *Nazareth* a un bout au Quay des Orphévres, passant devant l'Hôtel de Monsieur le Premier Président, & l'autre en la Cour du Palais.

N A

Rue de *Naples* aboutit d'un bout à la rue de Charonne, & de l'autre vis-à-vis la porte saint Antoine.

Rue *Navet*, des trois Bouteilles, ou des Teinturiers : voyez TE cy-après.

N E

Rue de *Nêle* est où étoit autre-fois la porte du Fauboutg S. Germain.

Rue de *Nevers*, au bout du Pont-neuf du côté de la rue d'Anjou, aboutit au Quay de Conti, & à la rue Dauphine.

Rue *Neuve*, d'un bout au Pont-Marie, & de l'autre à la rue S. Antoine, quartier saint Paul.

N I

Rue *S. Nicaise*, vis-à-vis les Galleries du Louvre, aboutit à la rue saint Honoré, & à la rue des Orties, quartier du Palais Royal.

Rue *S. Nicolas du Chardonnet*, vis-à-vis la rue des Bernardins dans la rue saint Victor, & aboutit à la rue Traversine, quartier de la place Maubert.

Rue *S. Nicolas*, d'un bout à la rue du Fauxbourg S. Antoine, & de l'autre à la rue des fossez saint Antoine.

Autre rue *S. Nicolas*, d'un bout à la

rue de Charenton, & à la grande rue du Fauxbourg saint Antoine.

N O

Rue du *Noir* aboutit à la rue d'Orleans, & à la rue Gratieuse, au Fauxbourg saint Marcel.

Rue de *Normandie* aboutit à la rue d'Angoumois, & à la rue saint Loüis & au Carrefour des Filles du Calvaire, quartier du Marais.

Rue des *Nonandieres*, proche la rue de Joüy, aboutit à la rue Censée, vis-à-vis la descente du Pont-Marie, quartiers saint Paul & saint Antoine.

Petite rue des *Nonandieres*, au bout du Pont-Marie; on l'a fait depuis peu de la largeur de ce Pont, elle perce vis-à-vis le Petit S. Antoine, & elle aboutit à la rue S. Antoine, même quartier.

Rue des *Noyers*, elle est une fois plus large qu'elle n'étoit; elle aboutit d'un côté à la Place Maubert, & de l'autre à la rue saint Jacques.

Rue de la *Nouvelle-France*, depuis la Barriere poissonniere jusqu'aux rues de Paradis & d'Enfer proche sainte Anne, quartier Montmartre.

Rue neuve *Notre-Dame*, depuis le coin du Marché-neuf, jusqu'au Parvis Notre-Dame, quartier de la Cité.

Rue neuve *Notre-Dame des Champs* aboutit à la rue de Vaugirard, & au Mont-Parnasse, vis-à-vis la rue du Regard appellée rue des Carmes-Déchauffez, & finit à la rue d'Enfer à côté des Peres de l'Oratoire, vis-à-vis la rue de la Bourbe, au Faubourg S. Michel.

Vieille rue *Notre-Dame* aboutit à la rue d'Orleans & à la rue Cenfier, proche la rue de la Clef, au Fauxbourg faint Marcel.

Rue de *Notre-Dame de bonne nouvelle* aboutit à la rue de Beauregard & fur les remparts de la Ville, quartier du Fauxbourg faint Denis.

Rue *Notre-Dame de Lorette*, ou rue Coquenard, a un bout à la Croix des Porcherons, & l'autre à la Croix Cadet & à la rue de la Voirie, Fauxbourg Montmartre.

Rue *Notre-Dame de Nazareth* a un bout à la rue du pont aux Biches, vis-à-vis la rue neuve faint Martin, & l'autre bout à la rue du Temple proche la fontaine de Vendôme, quartier du Temple.

Rue de *Notre-Dame de recouvrance* aboutit à la rue de Beauregard, & aux remparts de la Ville neuve proche la Parroisse de Notre-Dame de bonne nouvelle près la porte saint Denis, même quartier.

Autre rue de *Notre-Dame de recouvrance*, ou petite rue des Poissonniers, sur les remparts de la Ville neuve, aboutit à la rue de la Lune & à la rue Beauregard, ou Fauxbourg S. Denis.

Rue de *Notre-Dame de Sion*, proche les Peres de la Doctrine Chrétienne, faubourg saint Marcel.

Rue de *Notre-Dame des Victoires*, d'un bout à la rue du Mail près les Augustins Déchaussez de la place des Victoires, & de l'autre à la rue Montmartre, proche la Porte.

Cul de sac de *Novion*, ou de Peguay, dans la rue des Blancs-manteaux, quartier sainte Avoye.

O B.

Ruë de *l'Observance* : voyez cy-devant LO.

O I.

Ruë *Oignare*, Oignac, ou Oniart, aboutit à la rue saint Martin & à la rue des cinq Diamans.

Rue des *Oiseleurs*, ou des Oiseaux,

ou petite rue Charlot, aboutit à la rue de Bretagne & à la rue d'Anjou, proche le petit Marché au Marais du Temple.

Cul de Sac des *Oiseaux*, quartier du Temple.

O L

Rue d'*Olivet* : voyez ci-devant DO.

O M

Rue *S. Omer* : voyez cy-devant AU.

O N

Rue des *Onges*, au Marais du Temple vers les remparts proche la porte.

Rue *Oniart*, ou Oignare : voyez cy-devant O I.

O P

Petite rue *Ste Oportune*, qui va d'un bout à sainte Oportune & à la rue des Déchargeurs, & de l'autre à la rue saint Denis.

Rue du Cloître *Ste Oportune* : voyez ci-devant CL.

O R

Rue des *Orphévres*, rue Jean-Lentier, ou Lointier, ou des Deux Portes : voyez cy-devant D E.

Rue des *Orties* aboutit à la rue Fro-

O R

menteau, & aux galleries du Louvre, quartier du Louvre.

Autre rue des *Orties* aboutit à la rue sainte Anne, & à la rue d'Argenteüil, quartier saint Roch.

Cul de Sac de la rue des *Orties*, dans la même rue cy-dessus.

Rue d'*Orleans* : voyez cy-devant DO.

O U

Ruë aux *Ou-est-ce*, & par corruption dite aux Ours, d'un bout à la rue saint Denis vis-à-vis S. Jacques de l'Hopital, & de l'autre à la rue saint Martin.

Ruë *S. Ovide*, d'un bout à la rue des Capucines, & de l'autre à la Place de Loüis-le-Grand, quartier des Capucins & des Capucines au bout de la rue S. Honoré.

Ruë de l'*Oursine* : voyez cy-devant LO.

P A

Ruë *Pagevin* aboutit à la rue des vieux Augustins, & à la rue Verderet proche la rue de la Jussienne, quartier saint Eustache.

Ruë du *Paon* : il y en a quatre ; la premiére aboutit à la rue des Cordeliers, près la porte saint Germain, &

à la rue du Jardinet, quartier des Cordeliers.

La seconde, dite du petit Paon, près celle cy-dessus.

La troisiéme dans la rue saint Victor d'un bout, & dans la rue Traversine de l'autre.

La quatriéme apellée du Paon-blanc, ou rue de la Porte Dorée ; c'est une ruelle qui dépend de la rue de la Mortellerie, & qui aboutit à la Place aux veaux, quartier de la Gréve.

Ruë de *Parardis* : il y en a trois ; la premiére aboutit à la vieille rue du Temple, vis-à-vis la rue des Francs-Bourgeois, & à la rue de Chaume, quartier sainte Avoye.

La seconde, près saint Ladre, ou saint Lazare, d'un bout à la rue d'Enfer, & de l'autre à la rue saint Denis.

La troisiéme, au Fauxbourg saint Jacques, près l'Eglise saint Jacques du Haut-Pas, quartier du Fauxbourg saint Jacques.

Ruë de la *Parcheminerie* aboutit à la rue saint Jacques, & à la rue de la Harpe, quartier saint Severin.

Rue du *Parc Royal*, proche les Minimes de la Place Royale, quartier du Marais.

Autre rue du *Parc Royal* aboutit à la rue saint Loüis & à la rue de Torigny, quartier du Marais du Temple.

Rue du *Parvis Notre-Dame*, d'un bout à saint Christophe, & de l'autre au Portail de l'Hôtel-Dieu, quartier de la Cité.

Rue *Pastourelle* aboutit à la rue du Temple, & à la rue d'Anjou.

Ruë *Pavée*: il y en a cinq; la premiére aboutit rue des Francs-Bourgeois, & rue du Roy de Sicile, quartier saint Antoine.

La seconde, dite Pavée d'Andoüilles, aboutit à la rue saint André des Arts, & au Quay des Augustins, quartier saint André des Arts.

La troisiéme, dite la petite, est un cul de sac aboutissant dans celle cy-dessus.

La quatriéme aboutit à la rue Montorgueil, & à la rue du petit Lion proche l'Hôtel de Bourgogne, quartier des Halles.

La cinquiéme au quartier de la Place Maubert aboutissant à la riviére.

Ruë des *trois Pavillons*: voyez cy-après T R.

Ruë du *Passage*, ou de la Treille: voyez cy-après T R.

P A

Ruë du *Pas de la Mulle* aboutit à la Place Royale, & traverse la rue des Tournelles au Grand Boullevard, quartier saint Antoine.

Ruë *S. Paul*, d'un bout à la rue S. Antoine, & de l'autre à la rue des Barres, quartier saint Paul.

Ruë neuve *S. Paul*, d'un bout à la rue saint Paul, & de l'autre à la rue du petit Musc.

Ruë *Pavelle*, au quartier de la rue des Francs-Bourgeois, vis-à-vis la rue Pavée.

Ruë *Payenne* aboutit rue du Parc Royal & rue des Francs-Bourgeois, vis-à-vis la rue Pavée, quartier saint Antoine.

P E

Ruë de la *Pelleterie*, d'un bout à la rue de la Barillerie, & de l'autre à la rue de la Lanterne, vis-à-vis saint Denis de la Chartre.

Ruë du *Pelican* aboutit rue des petits Champs, & rue de Grenelle, quartier saint Eustache.

Ruë *Peniche*, vers la rue Montmartre, aboutissant à la rue Notre-Dame des Victoires, quartier Montmartre.

Rue *Percée*, d'un bout dans la rue
saint

saint Antoine, & de l'autre dans la rue de Joüy, proche la rue des Prêtres saint Paul.

Autre rue *Percée*, d'un bout à la rue de la Harpe, & de l'autre à la rue Haute-Feüille, quartier saint André des Arts.

Rue du *Perche*, proche la rue d'Orleans rend vis-à-vis la Culture S. Gervais, quartier du Marais du Temple.

Rue neuve des *petits Peres* a un bout au coin de l'Eglise proche la fontaine, & aboutit rue de la Feüillade & rue de Notre-Dame des Victoires.

Rue du *Petit Pont* commence au Petit Châtelet jusqu'à la rue saint Severin vis-à-vis la grande rue saint Jacques : on travaille à l'élargir depuis le coin de la rue de la Huchette, jusqu'à l'entrée de la rue saint Jacques.

Rue de *Perpignan* aboutit rue des Marmouzets, & rue des Canettes, quartier de la Cité.

Rue *Perduë*, d'un bout à la place Maubert, & de l'autre à la rue Pavée.

Rue des *SS. Peres*, d'un bout aux Quais Malaquais & des Theatins, & de l'autre à la rue de Grenelle, quartier saint Germain des Prez.

Rue de *Perigueux*, au Marais du

F

Temple, du côté des remparts d'un bout, & à la rue de Bretagne de l'autre.

Rue de la *Perle*, d'un bout à la vieille rue du Temple, & de l'autre à la rue de Torigny, quartier du Temple.

Rue du *Pet-au-Diable*, dans le Cloître saint Jean en Gréve, & aboutit rue de la Tixerandrie & rue du Malthois.

Rue du *Petit Musc*, au coin de l'Hôtel de Mayence, rue saint Antoine, & aboutit aux Celestinss.

Cul de Sac des *Peres de l'Oratoire*, dans la rue saint Honoré, & rend dans le vieux Louvre.

Rue du *petit Carreau* : voyez ci-devant CA.

Rue *Perrin-Gasselin* aboutit rue saint Denis vis-à-vis la rue d'Avignon, & à la place du Chevalier du Guet, à l'entrée de ladite rue saint Denis.

Cul de Sac de *Peguay*, ou de Novion : voyez cy-devant NO.

Cul de Sac de *Peronnelle*, ou de la Corderie : voyez cy-devant CO.

Rue du *Petit-Champ d'Albiac*, Faux-bourg saint Marcel, aboutit à la rue du Noir, & à la rue de l'Epée de Bois.

Les rues des *Petits Champs* : voyez cy-devant CH.

Rue du *Petit Crucifix* : voyez cy-devant CR.

Rue du *Petit Lion*: voyez cy-devant LI.

Rue du *Petit Repoſoir*, ou du Repoſoir: voyez cy-après R E.

Rue du *Petit Bourbon*: voyez cy-devant B O.

P H

Rue *Philippeaux*, devant la rue de la Corderie d'un bout, & de l'autre à la rue Fripillon, au coin de la rue de la Croix, vers la rue du Temple.

P I

Rue du *Piſtolet*, ou des trois Piſtolets: voyez cy-après T R.

Rue du *Pied de Bœuf*, proche la rue du Pont-au-Change, vers la rue du Marché de la Tripperie, & aboutit à la vieille place aux veaux, quartier ſaint Jacques de la Boucherie.

Rue *Pierre-au-Lard* d'un bout à la rue neuve ſaint Mederic, & de l'autre à la rue du Poirier, quartier S. Martin.

Rue *Pierre-aux-poiſſons*, d'un bout à la rue de la Saulnerie, & de l'autre au Grand Châtelet, quartier ſaint Jacques de la Boucherie.

Rue *Pierre-Sarrazin*, d'un bout à la rue de la Harpe, & de l'autre à la rue

Haute-Feüille, quartier saint André des Arts.

Rue *S. Pierre-aux-Bœufs* aboutit à la rue des Canettes, & à la rue saint Christophe près le Parvis de Notre-Dame, quartier de la Cité.

Rue *Pierre-Argile*, ou Agis: voyez cy-après QUI.

Rue neuve *S. Pierre* aboutit à la rue des douze Portes, & à la rue neuve S. Gilles, quartier de la grande rue saint Loüis au Marais.

Autre rue *S. Pierre* aboutit à la rue Notre-Dame des Victoires, & à la rue Montmartre, même quartier.

Cul de sac *S. Pierre*, quartier Montmartre cy-dessus.

Rue de *Pincourt* par corruption, car c'est de Popincourt: voyez cy-après P O.

Rue de *Picpuces*, d'un bout au Thrône, & de l'autre à Picpuces, quartier du Fauxbourg saint Antoine.

Rue des *Pilliers des Halles*, depuis la rue saint Honoré jusqu'à la rue de la Cossonnerie, en faisant le tour du Careau ou de la grande Halle: voyez cy-devant H A.

Les *Pilliers de la Tonnellerie* commencent d'un bout à la rue S. Honoré,

P I

& de l'autre à la rue de la Fromagerie.

Les *petits Pilliers*, dits des Halles, d'un bout à la rue de la Fromagerie, & de l'autre à la rue de Piroüette.

Les *Pilliers des Halles*, dits des Potiers d'Etain, commencent d'un bout à la rue de Piroüette, & finissent à la rue de la Cossonnerie.

•Rue *Piroüette*, ou Piroüanne, au coin des pilliers des Halles d'un bout, & de l'autre à la rue Mondétour.

P L

Rue *Ste Placide*, d'un bout à la rue de Séve, & de l'autre à la rue des vieilles Thuilleries, Fauxbourg S. Germain.

Rue de la *Place aux Veaux*, d'un bout à la rue faint Jacques de la Boucherie, & de l'autre vis-à-vis la rue de la Tannerie.

Rue de la *Place de Mosis*, à la descente du Pont-Marie du côté de la place aux veaux.

Rue *Planche-Mibray*, d'un bout au Pont Notre-Dame, & de l'autre à la rue des Arcis proche la rue de la Vannerie, quartier de la Gréve.

Rue de la *Planche* aboutit à la grande rue de Séve, au Faubourg S. Germain.

Rue de la *Planchette* aboutit au coin

de la petite rue de Ruilly, & maison de Rambouillet vis-à-vis la rue de Charenton, & à la rue de la vallée de Fescamp.

Rue du *Plâtre* tient d'un bout à la rue saint Jacques, & de l'autre à la rue des Anglois, quartier de la place Maubert.

Autre rue du *Plâtre*, d'un bout à la rue sainte Avoye, & à la rue des hommes Armez, quartier Ste Avoye.

Rue *Plâtriére*, d'un bout à la rue Coquilliére, & de l'autre à la rue Montmartre, quartier saint Eustache.

Rue du *Plat d'Etain:* voyez cy-devant D E.

Rue *Plumet* aboutit rue des Brodeurs, & à la plaine de Grenelle.

P O

Rue de la *Pointe S. Eustache*, au bout des rues Montorgueïl & Montmartre, jusqu'aux Pilliers des Halles.

Rue des *Poirées*, ou Grenoüilliere, a un bout à la rue saint Jacques, & l'autre à la rue neuve des Poirées.

Rue neuve des *Poirées* aboutit rue des Cordeliers & rue des Poirées, quartier saint André des Arts.

Rue du *Poirier*, d'un bout à la rue

neuve saint Médéric, & de l'autre à la rue Maubué.

Autre rue du *Poirier*, ou petite Baudoirie, quartier saint Martin : voyez BA cy-devant.

Rue des *Poissonniers*, ou rue de Notre-Dame de recouvrance : voyez NO cy-devant.

Rue *Poitevin*, d'un bout à la rue Haute-feüille, & de l'autre à la rue du Jardinet & rue du Battoir, quartier saint André des Arts.

Rue de *Poitou*, d'un bout à la vieille rue du Temple, & de l'autre à la rue d'Anjou, quartier du Marais.

Rue du *Ponceau* proche la fontaine du même nom, près la porte saint Denis.

Rue du *Pont aux Choux* aboutit rue saint Loüis, vis-à-vis la rue de Poitou, & aux Cours de la Ville.

Rue du *Pont au Change*, vis-à-vis l'horloge du Palais.

Rue du *Pont Notre-Dame* aboutit à la rue de la Lanterne, quartier saint Denis de la Chartre.

Rue du *Pont S. Michel* aboutit à la rue de la Boucleríe, quartier S. André des Arts.

Rue ou aîle du *Pont Marie* aboutit

au Port S. Paul, & au Port au Foin.

Rue des *deux Ponts*, entre le Pont Marie & le Pont de la Tournelle.

Rue des *Porcherons*, ou d'Argenteüil, donne d'un bout au Faubourg Montmarte, à la Croix des Porcherons, & à l'Eglise de Notre-Dame de Lorette, & de l'autre bout au Château des Porcherons.

Port au Plâtre, au Fauxbourg saint Antoine.

Port de la Rapée, Fauxbourg saint Antoine.

Rue du *Port aux Oeufs*, vers la rue de la Pelleterie, quartier Saint Barthelemy.

Rue du *Port à Maître Pierre* aboutit à la rue de la Bucherie.

Rue *Porte-foin*, au quartier du Marais, proche les Enfans rouges.

Rue de la *Porte aux Peintres*, dit cul de sac de l'Asne : voyez LA ci-devant.

Rue des *Pottiers* aboutit rue de l'Université, & au Quay d'Orleans, traversant la rue de Bourbon.

Rue des *deux Ponts* : voyez cy-devant DE.

Rue des *deux Portes* : voyez cy-devant DE.

Rue du *Port*, & Place S. Landry, quartier de la Cité.

Rue du *Port à Maître Jean*, ou du Carneau, aboutit à la riviere & rue de la Bucherie, quartier de la place Maubert.

Rue de la *Porte-dorée*, ou rue du Paon blanc: voyez PA ci-devant.

Rue des *Portes* aboutit à la rue Mouffetard, & à la rue des Postes, proche l'Estrapade, Faubourg saint Marcel.

Rue des *Postes*, proche la vieille Estrapade d'un bout, & de l'autre à la rue de l'Arbalêtre, Fauxbourg S. Marcel.

Rue du *Pot-de-fer*, au Fauxbourg S. Marcel, aboutit dans la rue Mouffetard, & dans la rue neuve sainte Geneviéve.

Autre rue du *Pot-de-fer*, au Fauxbourg saint Germain, proche la rue du vieux Colombier.

Rue de la *Potterie*: il y en a trois; la premiere donne d'un bout à la rue de la Lingerie, & de l'autre à la rue de la Tonnellerie, quartier des Halles.

La seconde est entre les rues de la Tixerandrie & de la Verrerie.

La troisiéme rue aboutit dans la

F 5

P O

rue des Postes au Fauxbourg S. Marcel, quartier Sainte Geneviéve.

Cul de sac de la *Potterie de S. Severin*, ou Coupe gorge fermé de nuit, dans la rue saint Severin.

Rue des *Poulles*, ou du Châtinier, Fauxbourg saint Marcel, proche le Puits qui parle, quartier S. Medard.

Rue *Poulletiere*, ou Poulleterie, dans l'Isle neuve Notre-Dame, d'un bout au quay d'Alençon, & de l'autre au quay Dauphin.

Rue des *Poulies*, d'un bout à la rue S. Honoré, & de l'autre à la rue des fossez saint Germain l'Auxerrois.

Rue *Poupée*, d'un bout à la rue de la Harpe, & de l'autre à la rue Hautefeüille, quartier S. André des Arts.

Rue de *Pouliveau*, ou des Saussayes, Fauxbourg saint Victor, a un bout à la rue du Fauxbourg saint Victor & à la Croix Clamart, & l'autre bout au quay S. Bernard.

Rue des *Pottiers d'Etain*, c'est des Pilliers des Pottiers d'Etain : voyez PI cy-devant.

P R

Rue des *Prêcheurs*, d'un bout à la rue saint Denis, & de l'autre à la

Halle, quartier des Halles.

Autre rue des *Prêcheurs*, dite Cul de fac, au quartier de la rue de Richelieu, proche la rue Traverfiere, dite de Brafferie, quartier faint Roch.

Rue de *Prenelle*, ou de la Levrette: voyez LE cy-devant.

Rue des *Prêtres*: Il y en a cinq; la premiere eft vis-à-vis l'Eglife S. Paul, & aboutit dans la rue de Joüy, quartier faint Paul.

La deuxiéme, proche l'Eglife faint Severin, & a un bout dans la rue de la Parcheminerie, & l'autre dans la rue faint Severin, même quartier.

La troifiéme, d'un bout à la rue Bordet, & de l'autre à la place de S. Etienne du Mont, le long des murs de ladite Eglife, quartier fainte Geneviéve.

La quatriéme, au quartier S. Germain l'Auxerrois, & donne d'un bout dans le Cloître du même nom, & de l'autre au Carrefour faint Germain l'Auxerrois.

La cinquiéme, qui n'eft proprement qu'un cul de fac, a fon entrée par la rue Ferron, & fe termine à S. Sulpice, quartier du Luxembourg.

Rue *Princeffe*, d'un bout à la rue du

P R

Four, & de l'autre à la rue Guifarde, quartier faint Germain des Prez.

Rue des *Prouvaires*, des Prouvelles, ou des Prez-verds, d'un bout à la rue faint Honoré, & de l'autre à la rue Traînée, quartier S. Euftache.

P U

Rue du *Puits d'amour*, de l'Arrianne, ou Arrienne, tient d'un bout aux deux rues Truanderies, & de l'autre à la rue S. Denis, quartier des Halles.

Rue du *Puits*, vis-à-vis les Blancs-manteaux, & aboutit à la rue fainte Croix de la Bretonnerie, quartier fainte Avoye.

Rue du *Puits-certain* : voyez MO ci-devant.

Rue du *Puits de la Ville*, au Fauxbourg faint Jacques, proche l'Eglife faint Jacques du haut-pas.

Rue du *Puits-l'hermite*, Fauxbourg faint Marcel, aboutit à l'Hôpital de la Pitié.

Rue du *Puits qui parle*, ou des Rofiers, d'un bout à la rue des Poftes, & de l'autre au Fauxbourg S. Marcel.

Rue *Putigneux*, dans la rue Geoffroy-Lafnier, n'eft qu'un cul de fac, quartier faint Paul.

Autre cul de sac appellé *Putigno*, dans la même rue Geoffroy-Lasnier, quartier saint Paul.

QUA

Rue des *Quatre-fils*, quartier de la vieille rue du Temple, vis-à-vis la rue de la Perle.

Rue des *Quatre-vents*, d'un bout à la rue saint Lambert, & de l'autre à la rue du Brave, vis-à-vis une des Portes de la foire S. Germain des Prez.

Cul de sac de la rue des *Quatre-vents* a un bout dans la rue du même nom, & l'autre traversant par des maisons, va rendre dans la rue des Boucheries, & ferme de nuit.

QUE

Rue des *Quenoüilles*, d'un bout à la rue saint Germain l'Auxerrois, & de l'autre sur le quay de la Megisserie, ou vallée de Misere.

QUI

Rue *Quinquempoix*, d'un bout à la rue Aubri-le-Boucher, & de l'autre à la rue au Ou-est-ce, & par corruption aux Ours.

Rue *Quiracie*, au Fauxbourg saint

Marcel, proche l'Eglise Ste Hyppolite, quartier S. Medard.

Rue *Quiquetonne*, ou Tiquetonne, d'un bout à la rue Montorgueil, & de l'autre à la rue Montmartre, quartier Saint Eustache.

R A

Rue de la *Rapée*, d'un bout à la barriere de la Rapée, & à la rue de Rambouïllet, vis-à-vis la rue de Bercy, & de l'autre à la rue des fossez saint Antoine.

Rue de la *Raquette*, ou de la Roquette, d'un bout à la rue de Naples près la porte S. Antoine, & de l'autre aux Hospitalieres de la Raquette.

Rue de *Rambouïllet* aboutit à la Rapée, qui va rendre à la rue de Ruilly Faubourg saint Antoine.

Rue des *Rats*: il y en trois ; la premiere donne d'un bout à la rue de la Bucherie, & de l'autre à la rue Galande, quartier de la place Maubert.

La deuxiéme appellée Jean-Chatblanc, ou Chat-blanc : voyez CH cy-devant.

La troisiéme dite d'Arras : voyez ci-devant DA.

Rue de la *Reine-blanche*, au Fauxbourg saint Marcel, & rue des hauts-foslez saint Marcel.

Rue des *Recollets*, d'un bout au Fauxbourg saint Denis, & de l'autre à l'Hôpital saint Loüis, quartier saint Laurent.

Rue *Regrattiere*, ou de la Femme sans-Tête, sur le quay Bourbon, Isle neuve Notre-Dame.

Rue de *Reims*, dans la rue des Sept-voyes, quartier de l'Université.

Rue du *Renard*, ou du Chat-qui-pêche : voyez C H ci-devant.

Autre rue du *Renard*, au quartier de la rue saint Denis, vis-à-vis la rue Beaurepaire.

Rue *Renaud-le-fevre*, dans la rue saint Antoine d'un bout, & de l'autre dans la rue du Cimetiere saint Jean.

Rue du *Reposoir*, ou du petit Reposoir aboutit place des Victoires, & rue des vieux Augustins, vis-à-vis la rue Pagevin, quartier saint Eustache.

Rue de la *Realle*, ou Jean-Gilles : voyez J E cy-devant.

Rue des *Remparts*, devant la porte saint Martin d'un côté, & à la porte du Temple de l'autre.

R E

Rue du *Rempart*, ou Champin, d'un bout à la rue faint Honoré, & de l'autre à la rue de Richelieu, quartier du Palais Royal.

Rue du *Regard*, ou des Carmes Déchauffez : voyez CA cy-devant.

R I

Rue de *Richelieu*, d'un bout à la rue faint Honoré, vis-à-vis les Quinze-vingt.

Rue neuve de *Richelieu*, elle a deux noms : voyez TR cy-après.

Autre rue neuve de *Richelieu*, ou rue Royale, commence au coin de la rue neuve des Petits Champs, & finit au Cul de fac, & au fief de la Grange-Bâteliere, en traverfant les Cours de la Ville.

R O

Rue *S. Roch* aboutit rue du Gros-Chenet & rue Sentier d'un bout, & de l'autre à la rue Montorgueïl & des Poiffonniers, quartier S. Jofeph.

Il y encore deux rues *S. Roch*, mais on les nomme rue de Gaillon, ou neuve faint Roch : c'eft pourquoi voyez G A cy-devant.

Cul de fac *Rolin-prens-gages*, qui

dépend de la rue des Lavandieres.

Cul de sac de *Rome*, ou du puits-de-Rome, qui dépend de la rue saint Omer, quartier saint Nicolas des Champs.

Rue du *Roy Henry IV*. ou de l'Echarpe : voyez LE cy-devant.

Rue des *Rosiers* : Il y en a trois ; la premiere aboutit rue des Juifs d'un bout, & de l'autre à la vieille rue du Temple, vis-à-vis le Cul de sac de Coquerelle.

La seconde aboutit dans la rue de Grenelle, au Faubourg saint Germain des Prez.

La troisiéme dite rue du Puits qui parle : voyez PU cy-devant.

Rue de la Cour de *Rouën*, vers la rue de l'Eperon, quartier saint André des Arts.

Rue *Rousselet*, ou rue aux Vaches, proche les Incurables, donne d'un bout à la rue de Séve près la barriere, & de l'autre à la rue Plumet.

Rue du *Roy doré*, ou rue Françoise : voyez FR ci-devant.

Rue de *S. Romain* aboutit rue de Séve, & rue du petit Vaugirard.

Rue neuve du *Roûle* donne d'un bout à la rue saint Honoré, & de l'autre à la rue Betizy, vis-à-vis la rue de la Monnoye.

Autre rue du *Roûle*, Bas & haut, aboutit à la fauſſe porte S. Honoré, & conduit au chemin de Neuilly.

Rue *Royale* : Il y en a trois ; la premiere eſt proche la Place du même nom, rue ſaint Antoine.

La ſeconde dite Petite, quartier S. Antoine, proche la rue des Tournelles.

La troiſiéme d'un bout à la rue neuve des petits Champs, & de l'autre à la rue Thereſe, vis-à-vis la rue des Moulins, quartier ſaint Roch.

Rue du *Roy de Sicile* donne d'un bout à la vieille rue du Temple, & de l'autre à la rue des Ballets.

R U

Grande rue de *Ruilly*, d'un bout au Fauxbourg ſaint Antoine, & de l'autre aux chemins de Charenton, & de Conflan.

Petite rue de *Ruilly* donne d'un bout dans la grande rue de ce nom, & de l'autre aux coins des rues de la Planchette, de Charenton & de Conflan.

Ruë du *Sabot*, vers la rue du Four au Fauxbourg saint Germain des Prez.

Rue *Salle-au-Comte*, ou de S. Magloire, derriere saint Leu, S. Gilles, aboutit dans la rue saint Denis.

Cul de Sac de la même rue, apellé Cloître & Prison de saint Magloire.

Rue *Saillambiere*, vis-à-vis la petite porte saint Severin, qui n'est proprement qu'un cul de sac.

Rue *Sauly* ou Soly, aboutit rue de la Jussienne & rue des vieux Augustins, quartier saint Eustache.

Rue *Saintonge* ou Xaintonge, aboutit rue de Bretagne, ou de Bourgogne, & au rempart de la Ville en traversant la rue de Boucherat.

Rue *Sans-Chef*, ou Censier: voyez cy-devant C E.

Rue *Sans-portes*, ainsi apellée, parce qu'il ne s'y en trouve aucune, aboutit au Marais proche l'Echelle du Temple.

Rue de la *Santé*, Fauxbourg saint Marcel, aboutit au champ des Capucins, ou nouveau cours, & à la barriére de l'Hopital apellée la Santé sainte Anne.

Cul de Sac de *M. Saugé*, ou rue du Jour : voyez cy-devant J O.

Rue de la *Savaterie*, qui aboutit rue de la Calendre & rue de la vieille Draperie proche le Palais, quartier de la Cité.

Rue de *Savoye*, d'un bout à la rue Pavée, & de l'autre à la rue des grands Augustins, quartier saint André des Arts.

Rue des *Sauſſayes*, à la Ville l'Evêque, a un bout dans la rue du Fauxbourg S. Honoré, & l'autre à la rue de la Magdelaine & du chemin Verd.

Autre rue des *Sauſſayes*, ou de Pouliveau : voyez cy-devant P O.

Rue de la *Savonnerie*, d'un bout à la rue S. Jacques de la Boucherie, & de l'autre à la rue de la vieille Monnoye, quartier S. Jacques de la Boucherie.

Rue *S. Sauveur*, à côté de l'Eglise du même nom, aboutit à la rue saint Denis proche la porte.

Rue neuve *S. Sauveur*, proche la rue du petit Carreau, au même quartier.

Cul de Sac des *Sablons*, à côté de la Salle du Legat de l'Hôtel-Dieu; c'est un égout du petit Pont, qui est fermé par les deux bouts.

S C

Rue de *Scipion*, ou de la Barre, Fauxbourg saint Marcel, aboutit dans la rue des Francs-Bourgeois, & rue du Fer-à-Moulin.

S E

Rue du *Sentier*, ou Centier : voyez cy-devant C E.

Rue des *Sept-Voyes*, quartier saint Hylaire ou de l'Université, aboutit à la rue S. Etienne des Grecs proche la Fausse-Porte sainte Geneviéve.

Rue du *Sépulchre*, au coin de la rue de Grenelle, au Fauxbourg S. Germain des Prez.

Rue *Serpente*, d'un bout à la rue de la Harpe, & de l'autre à la rue Haute-Feüille, quartier saint André des Arts.

Rue neuve *S. Sébastien*, ou de saint Etienne : voyez cy-devant E T.

Grande rue de *Seine*, au Fauxbourg saint Germain des Prez, proche l'Abbaye du même nom.

Autre rue de *Seine*, au Fauxbourg saint Victor depuis l'Abbaye du même nom jusqu'à la riv

Rue de *Séve*, au quartier des Incurables, donne au bout de la rue du Cherche-Midi, & petit Marché de la Croix Rouge.

Rue *S. Severin*, d'un bout à la rue S. Jacques où est la fontaine du même nom, & de l'autre à la rue de la Harpe vis-à-vis la rue de la vieille Bouclerie.

S I

Rue *Simon-le-Franc*, d'un bout à la rue sainte Avoye, & de l'autre à la rue Maubué.

Rue des *Singes*, vis-à-vis l'Eglise des Blancs-Manteaux.

Rue *S. Symphorien des Vignes*, ou Chartiere: voyez CH; cette rue a quatre noms.

S O

Rue de la *petite Sonnerie*, anciennement dite Saulnerie, d'un bout sur la vieille vallée de Misére, & de l'autre dans la rue saint Germain l'Auxerrois.

Rue de *Soissons*, c'est un cul de sac qui aboutit au bout de la rue Coquilliére vis à-vis le Portail saint Eustache.

Rue de *Sorbonne* aboutit rue des Mathurins d'un côté, & à la Place de Sorbonne de l'autre.

Autre rue de *Sorbonne*, d'un bout à la rue Jacob, & de l'autre à la rue de l'Université, quartier saint Germain des Prez.

S O

Rue de *Sourdis*, vers la rue des Fossez saint Germain l'Auxerrois ; on l'apelle aussi rue du Court-Bâton.

Rue ou ruelle de *Sourdis* a un bout dans la rue d'Orleans vis-à-vis les Capucins, & rue d'Anjou, quartier du Marais : on la ferme de nuit.

Rue de la *Sourdiere* aboutit à la rue de la Corderie, & à la Butte S. Roch ; on l'a aplanie, & on a fait de très-beaux bâtimens.

S U

Rue de *Surêne*, à la Ville l'Evêque, d'un bout à la rue de la Magdelaine, & de l'autre à la rue des Saussayes.

T A

RUe de la *Tabletterie* aboutit dans la rue saint Denis, vis-à-vis la rue de la Heaumerie.

Rue *Taille-Pain*, ou Mache-Pain, d'un bout au Cloître saint Mederic, & de l'autre à la rue Brise-Miche.

Rue de *Taranne*, dite la grande, dans la rue du Sépulchre d'un bout, & de l'autre à la rue des Egouts, Faubourg sain‍t Germain des Prez.

Rue de *Taranne*, dite la petite, vis-à-vis la grande rue au même quartier.

T A

Rue de la *Tacherie*, d'un bout à la rue de la Coûtellerie, & de l'autre à la rue Jean-Pain-Mollet, quartier de la Gréve.

Petite rue de la *Tacherie*, au bout de celle cy-dessus, communément apellée cul de sac.

Rue de la *Tannerie*, proche la rue Planche-Mibray, vis-à-vis la vieille place aux veaux, quartier de la Gréve.

Rue de la *vieille Tannerie*, ou Simon-Finet, quartier de la Gréve, qui aboutit à la riviére.

Autre petite ruelle apellée la descente de la *Tannerie*, à la riviére.

T E

Rue des *Teigneux*, ou de la Chaize, elle a trois noms: voyez cy-devant C H.

Rue du *Temps-perdu*, ou de saint Joseph, d'un bout à la rue Montmartre au coin de la Chapelle S. Joseph, & de l'autre à la rue du Gros-Chenet.

Rue des *Teinturiers*, autrement dite rue Navet, ou des trois Bouteilles, aboutit rue de la Tannerie, quartier de la Gréve.

Rue du *Temple* aboutit à la rue Ste Avoye, proche la rue Michel-le Comte. Vieille

T E

Vieille rue du *Temple*, à l'entrée de la rue saint Antoine d'un bout, & de l'autre aux remparts de la Ville.

Rue du *Terrain-aux-Moulins*, vers la rue S. Antoine.

T H

Rue *Therese*, d'un bout à la rue de Vantadour, & rue sainte Anne, & de l'autre à la rue du Hazard, à la Butte saint Roch.

Rue *Thevenot*, qui va d'un bout dans la rue saint Denis, & de l'autre dans la rue Montorgueil, proche S. Sauveur : voyez cy-devant CO ; car il y a encore une autre rue que l'on apelle Thevenot, ou de la Corderie.

Rue *Thibautodé*, dans la rue des Bourdonnois, proche les rues Betizy & des deux Boulles.

Rue neuve *S. Thomas du Louvre*, ou du Doyenné, au bout de la rue des Orties d'une part, & de l'autre à la rue saint Honoré.

Autre rue *S. Thomas*, dans la rue d'Enfer, au Fauxbourg saint Michel.

Troisiéme rue *S. Thomas*, dite cul de sac, quartier du Palais Royal.

Rue des *Thuilleries*, qui se termine en cul de sac proche la porte saint Honoré.

G

Rue des *petites Thuilleries* a un bout à la rue de Séve, & l'autre à la rue du petit Vaugirard.

Rue des *vielles Thuilleries* : voyez ci-après VI.

T I

Rue *Tiquetonne*, ou Quiquetonne : voyez cy-devant QUI.

Rue *Tire-Boudin*, ou Boudin : voyez cy-devant BO.

Rue *Tire-Chappe* aboutit rue saint Honoré, vis-à-vis les pilliers de la Tonnellerie.

Rue *Tiron*, ou Tison, d'un bout à la rue saint Antoine, & de l'autre à la rue du Roy de Sicile.

Rue de la *Tixerandrie* a un bout au coin de la rue de Renaud-le-Fevre, & place Baudoyer, & l'autre au coin des rues Jean-Pain-Mollet & Jean-de-l'Epine, quartier de la Gréve. Elle a aussi son Cul de Sac.

T O

Rue de la *Tonnellerie*, d'un bout à la rue saint Honoré vis-à-vis la rue Tire-Chappe, & de l'autre à la rue de la Fromagerie, quartier des Halles.

Rue de *Touraine*, proche la rue de

TO

Poitou, & le Marché du Marais du Temple.

Rue de *Torigny*, proche la rue de la Coûture saint Gervais, au Marais du Temple.

Rue de la *Tournelle*, depuis la porte du même nom jusqu'au pavé ou abbreuvoir de la place Maubert.

Rue des *Tournelles*, vis-à-vis la Bastille, au quartier de la rue saint Antoine.

Rue de *Tournon*, vis-à-vis le Palais d'Orléans, apellé le Luxembourg, au Fauxbourg saint Germain des Prez.

Cul de Sac du *Tondeur*, ou Cochon, voyez cy-devant C O.

TR

Rue *Traînée*, d'un bout au coin de l'Eglise S. Eustache vis-à-vis le Pont Alais, & de l'autre au bout de la rue du Four, quartier saint Eustache.

Rue de *Traverse*, au quartier des Incurables.

Rue *Traversière* : il y en a quatre ; la première que l'on nomme rue de la Brasserie, ou du Bâton Royal, est située proche la rue de Richelieu, quartier saint Honoré.

La seconde est vis-à-vis la rue &

Hôtel des Ursins, quartier de la Cité.

La troisiéme surnommée Traversine, donne d'un bout vis-à-vis la rue Judas, montagne sainte Geneviéve, & de l'autre à la rue d'Arras.

La quatriéme qui est au Fauxbourg saint Antoine, aboutit au chemin de Charenton, & à la rue de la Rapée.

Rue *Triplet*, ou Tripret, vers la rue de la Clef, au Fauxbourg saint Marcel.

Rue de la *Triperie*, proche le Marché de la porte de Paris, c'est où est l'Echaudoir des Tripes.

Petite ruelle *Tronnion*, Truvignion, ou Vitrognion: voyez cy-après V I.

Rue *Transnonain*, ou Trousse-nonain, vers la rue Beaubourg près les rues Michel-le-Comte, ou Grenier saint Lazare.

Rue des *Trois Portes* aboutit aux rues d'Amboise & des Rats, quartier de la place Maubert.

Autre rue des *Trois Portes*, dans le même quartier.

Rue *Trousse-Vache*, vis-à vis la rue de la Ferronnerie dans la rue S. Denis.

Rue *Trop-va-qui-dure*: voyez ci-après V A.

Rue de la *Truanderie*, dite la grande,

d'un bout à la rue Comtesse-d'Artois, & de l'autre au Puits d'Amour.

Rue de la *Truanderie*, dite la petite, d'un bout à la rue Mondetour, & de l'autre au Puits d'Amour.

Rue des *Trois Maures*, ou Guillaume-Josse : voyez cy-devant GU.

Rue des *Trésoriers*, ou neuve de Richelieu, devant le Portail de l'Eglise de Sorbonne, & aboutit à la rue de la Harpe.

Rue des *Truyes*, ou Bertaud, n'est qu'un grand Cul de Sac de la rue Beaubourg.

Rue des *Trois Chandeliers*, d'un bout à la riviére, & rue de la Huchette vis-à-vis la rue Zacharie, quartier S. Severin.

Rue des *Trois Couronnes*, Fauxbourg saint Marcel, & au carrefour saint Hypolite.

Rue des *Trois Pavillons* a un bout à la rue du Parc Royal, & l'autre à la rue des Francs-Bourgeois, quartier saint Antoine.

Rue des *Trois Pistolets* a un bout aux coins des rues de Beautreillis & Gerard-Boquet, vis-à-vis la rue neuve saint Paul, & l'autre bout à la rue du petit Musc.

T R

Rue des *Trois Visages* a un bout à la rue Bertin-Poirée, & l'autre à la rue Thibautodé devant la petite porte de la Monnoye.

Rue du *Thrône*, au Fauxbourg S. Antoine.

Rue des *Trois Bouteilles*, ou des Teinturiers: voyez cy-devant T E.

Rue de la *Treille*, ou du Passage, conduit de la rue des Boucheries au Preau de la Foire saint Germain des Prez; ce passage n'est ouvert que pendant ladite Foire, qui commence le trois Février, & finit le Dimanche de la Passion exclusivement.

T U

Rue de la *Tuerie* a un bout sous l'arcade qui conduit à la riviére, & l'autre à la rue de la vieille Lanterne, ou vieille place aux Veaux.

Rue de *Turenne* a un bout à la rue des Cordeliers, & l'autre à la rue des Fossez de M. le Prince.

V A

Ruë de *Vaugirard*, au coin des rues des Francs-Bourgeois, & fossez de M. le Prince, & se termine à la derniére barriére du chemin de Vaugirard au-delà de l'Abbaye de Notre-Dame des Prez.

Petite rue de *Vaugirard* aboutit rue de Bagneux vis-à-vis la rue des vieilles Thuilleries, & au chemin & Moulin de Vaugirard.

Rue du *petit Vaugirard*, au Fauxbourg faint Germain, derriére le jardin des Carmes Déchauffez, & aboutit à la rue du Cherche-Midy.

Rue de la *Vannerie*, haute & baffe, aux coins des rues Planche-Mibray & des Arcis, & rend à la place de Gréve.

Rue de *Vaujour*, c'eft d'Anjou: voyez cy-devant D. A.

Rue des *Vaches*, ou Rouillets; voyez cy-devant R. O.

Rue de la *Vallée de Fefcamp* donne d'un bout à la rue de la Planchette, & conduit à Charenton, Fauxbourg S. Antoine.

Rue de *Varenne* a un bout vis-à-vis la rue de la Planche, & l'autre à la barriére des Invalides, quartier faint Germain des Prez.

Rue *Va-trop-qui-dure*, ou Trop-va-qui-dure, commence au coin du Pont-au-Change, & finit au coin de

V A

la rue de la Saulnerie au bout du Quay de la Megisserie, ou de la Vieille Feraille.

Rue de *Vantadour* a un bout à la rue neuve des petits Champs, & l'autre à la rue des Moineaux proche la Butte saint Roch.

V E

Rue de *Venise*, d'un bout à la rue S. Christophe, & de l'autre à la rue Notre-Dame, quartier de la Cité.

Autre rue de *Venise*, d'un bout à la rue saint Martin, & de l'autre à la rue Quinquempoix.

Cul de Sac de la rue de *Venise*, qui est le reste de la rue Quinquempoix, quartier S. Jacques de la Boucherie.

Rue *Verderet*, anciennement dite Merderet, aboutit à la grande rue de la Truanderie, & à la rue Monconseil.

Autre rue *Verderet*, proche la rue de la Jussienne, au quartier saint Eustache.

Rue de *Verneüil*, d'un bout à la rue des saints Peres, & de l'autre à la grande rue du Bac, quartier saint Germain des Prez.

Rue de *Vendôme* commence à la fontaine & rue de Boucherat & rue

V E

d'Angoumois ou Charlot, & finit à la rue du Temple.

Rue de la *Verrerie* commence pour le quartier Ste Avoye depuis le coin de la rue Barre-du-Bec, jusqu'au coin de la rue Bourtibourg & Cimetiere S. Jean, & le reste qui commence à la rue Barre-du-Bec, finit à la rue S. Martin pour le quartier S. Martin.

Rue de *Versailles* aboutit à la rue S. Victor, & traversant la rue Traversiere, finit en son cul de sac.

Rue des *Vertus*, proche la rue des Gravilliers d'un bout, & de l'autre à la rue Philippeaux, quartier saint Martin.

Rue du *Vert-Bois*, près la porte S. Martin, & aboutit au pont aux Biches.

V I

Rue *S. Victor* commence depuis la place Maubert, & finit où étoit la Porte de ce nom, qui a été démolie.

Grande rue *S. Victor*, depuis ladite Porte jusqu'à la Croix Clamart.

Rue des *Vignes*, au Fauxbourg saint Marcel, vis-à-vis la rue Pot-de-fer, proche la rue des Postes; c'est un Cul de sac qui est fermé la nuit.

Rue de la *Ville-l'Evêque*, au Fauxbourg saint Honoré.

Rue de la *Ville-neuve*, à l'entrée du Fauxbourg saint Denis.

Rue ou Ruht de la *Voirie*, décharge des Egouts proche la fauſſe porte ſaint Denis : voyez EG cy-devant.

Rue *S. Vincent*, proche l'Hôtel de Vendôme, au quartier de la rue ſaint Honoré.

Rue des *Trois Viſages* : ci-devant voyez TR.

Rue *Vivienne*, ou Vivien, d'un bout à la rue S. Auguſtin, vis-à-vis les Filles S. Thomas, & de l'autre à la rue neuve des Petits-Champs.

Rue des *Vieilles Etuves*, d'un bout à la rue des deux Ecus, & de l'autre à la rue ſaint Honoré.

Autre rue des *Vieilles Etuves*, ou des Etuves aux Femmes, a un bout à la rue de ſaint Martin, & l'autre à la rue Beaubourg.

Rue des *Vieilles Haudriettes* : cy-devant voyez HA.

Rue *Vieille Bouclerie* : cy-devant voyez BO.

Rue du *Vieux Colombier* : cy-devant voyez CO.

Rue *Vieille Cordonnerie* : cy-devant voyez CO.

V I

Rue *Vieilles Garnisons*: cy-devant voyez G A.

Rue *Vieille Harangerie*: cy-devant voyez H A.

Rue *Vieille Draperie*: cy-devant voyez D R.

Rue *Vieille Monnoye*: cy-devant voyez M O.

Rue *Vieille Tannerie*: cy-devant voyez T A.

Rue *Vieille Chevallerie*: cy-devant voyez C H.

Rue de la *Vieille Lanterne*: cy-devant voyez L A.

Rue des *Vieilles Thuilleries* commence au coin de la rue du Regard, & finit à la rue de Bagneux.

Rue des *Vieux Augustins*: voyez A U cy-devant.

Rue *Vitrognion*, Truvignion, ou Tronnion: ce n'est plus qu'une petite ruelle qui aboutit à la rue de la Heaumerie & rue d'Avignon, quartier S. Jacques de la Boucherie.

Rue *Villerain*, ou Hyllerin-Bertin; voyez H Y cy-devant.

V R

Rue de la *Vrilliere* a un bout rue neuve des Petits-Champs, & rue neuve des Bons-Enfans.

Petite rue de la *Vrilliere* donne d'un bout dans la place des Victoires, & de l'autre dans la grande rue de la Vrilliere, vis-à-vis l'Hôtel du même nom.

V U

Rue *Vuide-d'eau*, ou Villed'O, aboutit dans les rues Traversiere & de Richelieu, quartier du Palais Royal.

Rue *Vuide-Gouffet*, près les Augustins Déchauffez de la place des Victoires.

U R

Rue de l'*Urfine*, ou de l'Ourfine: voyez cy-devant LO.

Rue de l'*Hôtel des Urfins*: il y en a deux contigues l'une à l'autre, qui aboutiffent à la rue faint Landry, quartier de la Cité.

Z A

RUe *Zacharie* donne d'un bout dans la rue de la Huchette, & de l'autre dans la rue faint Severin, quartier du même nom.

Fin des Rues.

LES QUAYS DE PARIS.

Quay d'*Alençon*, ou d'Anjou, au bout du Pont-Marie d'une part, & de l'autre à la Maison de M. de Bretonvilliers dans l'Isle Notre-Dame.

Quay des *Augustins* commence à la rue Dauphine, & finit à la rue du Hurpoix au bout du Pont saint Michel. Le marché à la Volaille qui étoit autrefois sur le quay de la Megisserie ou de la Féraille, se tient sur ce quay; on y tient aussi le marché au Pain, qui étoit à la place du Pont saint Michel.

Quay des *Balcons*, ou quay Dauphin, dans l'Isle Notre-Dame, vis-à-vis la Tournelle.

Quay S. *Bernard*, depuis la Porte Saint Bernard jusques dans la campagne, le long du bord de l'eau.

Petit Quay *Bignon*, autrefois appellé l'abbreuvoir Mâcon, est situé au coin du Pont S. Michel & de la rue de la Huchette, quartier S. André des Arts; on le ferme la nuit d'une porte de fer. Il a été partagé en deux: une moitié sert comme d'égoût pour recevoir les Eaux; & on a élevé l'autre, au tour de laquelle on a fait un parapet de fer pour la commodité des Porteurs d'eau & des Blanchisseuses.

Quay de *Bourbon*, dans l'Isle Notre-Dame.

Autre Quai de *Bourbon*, ou du Louvre, quartier du Louvre.

Quay de *Conty*, quartier saint Germain des Prez, vis-à-vis l'Hôtel du même nom.

Quay *Dauphin*, quartier de l'Isle Notre-Dame au bout du quay d'Orleans.

Quay de *l'Ecole*, depuis la descente du Pont Neuf jusqu'aux Galleries du Louvre.

Quay des *Galleries du Louvre*, depuis le quay de l'Ecole jusqu'à celui des Thuilleries.

Quay de *Gêvres* traverse du Pont Notre-Dame au Pont au Change; aux deux bouts de ce quai il y a deux Ruelles qui donnent dans la rue de Gêvres.

Quay de la *Gréve*, devant le quay S. Paul & au bout du Pont Marie, jusqu'à la place de Gréve; on l'appelle à present port au Foin.

Quay de *l'Horloge*, & par corruption dit des Morfondus, prend vis-

Les Quays de Paris. 159

à-vis le Cheval de Bronze, au milieu du Pont-neuf, & aboutit au coin de l'Horloge du Palais, sur le Pont au Change.

Quay *Malaquais*, au Faubourg saint Germain, vers le bout de la porte de Nêle que l'on a démolie; on le nomme à présent le quai Mazarin, depuis qu'il a été rebâti & aggrandi par les liberalités de son Eminence le Cardinal Mazarin.

Quay de la *Megisserie*, ou de la Ferraille, ou vieille vallée de Misere, commence au coin de la place des trois Maries, & finit au coin de la rue de la Saulnerie, & par corrupion de la Sonnerie; c'étoit autrefois où l'on vendoit la Volaille, & à présent on y vend des fleurs & toutes sortes de graines pour semer, & de jeunes arbres fruitiers pour replanter, ou greffer.

Quay d'*Orleans*, depuis le Pont de la Tournelle jusqu'au Pont de Bois, dans l'Isle Notre-Dame.

Quay des *Ormes*, ou de la place aux Veaux.

Quay des *Orphévres*, depuis le milieu du Pont Neuf jusqu'à la rue neuve S. Loüis, vis-à-vis le bout du Pont Saint Michel.

Quay d'*Orſay*, ou de la Grenoüilliere, commence au coin de la rue du Bac, & finit aux Prez aux Clercs.

Quay de *S. Paul*, depuis le bout du Pont Marie, juſqu'à la porte de l'Arſenal; on l'appelle auſſi quay des Céleſtins.

Quay *Neuf*, ou quay Pelletier, de la Gréve, ou de l'Hôtel de Ville, aboutit à la place de Gréve & au Pont Notre-Dame.

Quay des *Théatins*, commence au coin de la rue des ſaints Peres, & finit au coin de la rue du Bac.

Quay des *Thuilleries*, depuis le Pont Rouge & dernier Pavillon du Louvre juſqu'à la porte de la Conférence, qui va droit au Cours de la Reine, & aux Champs Eliſées, qui ſont en face du Jardin des Thuilleries.

Quay de la *Tournelle*, depuis la porte de la Tournelle, juſqu'à la porte S. Bernard.

LES PONTS DE PARIS.

LE Pont de *Bois*, apellé Pont au double, conduit de l'Isle au Cloître Notre-Dame. Ce Pont tomba le dernier jour de l'année 1709. & a été rebâti en 1717.

Le Pont au *Change* commence au coin du Quai des Morfondus, & finit au Quai de la vieille Ferraille.

Le Pont de l'*Hôtel-Dieu*, tenant audit Hôtel-Dieu.

Le Pont *Marie*, dans l'Isle Notre-Dame, ainsi nommé de Christophe Marie Bourgeois de Paris, qui, sous le bon plaisir de Loüis XIII. entreprit de le faire bâtir en l'année 1613. La Barriere des Sergens étoit autrefois en face de ce Pont, & en partageoit également l'aîle. On l'a changée de place, & elle est présentement au bas du côté du Port au Foin.

Le Pont S. *Michel*, d'un bout au Marché Neuf, & de l'autre à la rue du Hurpoix.

Le Pont *Neuf* aboutit d'un bout à la rue Dauphine, & de l'autre au carrefour des trois Maries. Au milieu de ce Pont il y a la Place d'Henry IV. dont nous parlerons ci-après dans les Places.

Le Pont *Notre-Dame* aboutit d'un bout au Quai Pelletier, & de l'autre à saint Denis de la Chartre.

Le *Petit Pont* commence au Petit Châtelet, & aboutit à la rue neuve Notre-Dame. Ce Pont a été rebâti tout à neuf depuis l'incendie qui arriva en 1717. & qui réduisit en cendres les maisons qui étoient dessus.

Le Pont *Royal* va d'un bout à la petite porte des Thuilleries, & de l'autre à la grande rue du Bac.

Le Pont de la *Tournelle* a un bout aux Quays Dauphin & d'Orleans, & l'autre au Quay de la Tournelle.

Voici d'autres petits Ponts ou Arches, dispersés dans differens quartiers de la Ville, dont la connoissance ne nuira pas.

Le Pont *Alais*, ainsi nommé d'un apellé Jean Alais Bourgeois de Paris, qui voulut être enterré dessous, pour expier l'offense qu'il avoit commise par l'imposition d'un denier sur chaque pannier de poisson. Ce Pont est situé vis-à-vis l'Horloge S. Eustache, sur le milieu du ruisseau de la rue

Les Ponts de Paris. 163

Montmartre, & il est d'un très grand secours dans certains tems.

Le Pont aux *Biches* : il y en a trois ; le premier aboutit rue du Verd-Bois, & rue neuve saint Laurent.

Le second aboutit aux rues du Fer-à-moulin, de la Muette & Censier, Faubourg saint Marcel.

Le troisiéme, quartier du Temple.

Le Pont ou Arche de *Bourbon*, vis-à-vis le Louvre du côté de la riviere.

Le Pont aux *Choux*, sur les Cours de la Ville, entre les Portes S. Antoine & S. Martin.

Le Pont des *Egouts*, à la Porte saint Martin.

Le Pont ou Chaussée de la *Porte S. Denis*, qui conduit à saint Ladre, autrement saint Lazare.

Le Pont ou Arche de la *Porte du Temple*, proche les Muriers blancs du Sieur Ismard.

Le Pont ou Arche de la *Nouvelle France*, qui sépare la rue du même nom d'avec celle de la Ville-neuve.

Le Pont ou Arches de la *Riviere des Gobelins*, au Faubourg S. Marcel.

Le Pont ou Arche du côté des Saussayes, sur le bord de la Seine.

LES FAUXBOURGS de Paris.

LE Fauxbourg Saint Honoré.
Le Fauxbourg Sainte Anne.
Le Fauxbourg Montmartre.
Le Fauxbourg Saint Denis.
Le Fauxbourg Saint Lazare.
Le Fauxbourg Saint Martin.
Le Fauxbourg Saint Laurent.
Le Fauxbourg Saint Antoine.
Le Fauxbourg Saint Victor.
Le Fauxbourg Saint Marcel.
Le Fauxbourg Saint Jacques.
Le Fauxbourg Saint Michel.
Le Fauxbourg Saint Germain.

LES PORTES DE PARIS.

LA Porte *S. Antoine*, au bout de la rue Saint Antoine.

La Porte *Saint Bernard*, ou de la Tournelle.

La Porte du *petit Châtelet*, au bas de la rue Saint Jacques.

La Porte de la *Conférence*, proche

le Cours de la Reine.

La Porte *S. Denis*, au bout de la rue Saint Denis.

La Porte *S. Honoré*, au bout de la rue du même nom.

La Porte *S. Martin*, au bout de la rue du même nom.

La Porte de *Paris*, au Grand Châtelet.

Les trois Portes, ou Arcades des Galleries du *Louvre*.

LES PORTES ANCIENNES de Paris.

Toutes les Portes qui suivent, étoient autrefois à toutes les entrées de la Ville de Paris ; mais à mesure que la Ville s'est agrandie, elles ont été démolies, & on a seulement marqué le lieu où elles étoient placées, d'une grande Pierre noire sur laquelle on a gravé l'année de leur démolition.

La Porte *Baudets*, auprès du Cimetiere Saint Jean.

La Porte de *Bracque*, auprès de Saint Nicolas des Champs.

La Porte de *Bussy*, au bout de la rue Saint André des Arts.

La Porte *Gaillon*, derriere l'Hôtel de Pontchartrain.

La Porte *S. Jacques*, au-dessous de Saint Etienne des Grecs.

La Porte *S. Marcel*, à l'entrée de la rue Mouffetard.

La Porte *S. Michel*, au haut de la rue de la Harpe.

La Porte *Montmartre*, au haut de la rue Montmartre.

La Porte de *Nêle*, auprès du College des quatre Nations.

La Porte *Papale*, auprès des fossez des Peres de la Doctrine.

La Porte ancienne aux *Peintres*.

La Porte ou Barriere *Poissonniere*, à la nouvelle France.

La Porte *Royale*, ou de Richelieu.

La Porte *Royale du Thrône*, au bout du Fauxbourg Saint Antoine.

La Porte du *Temple*, au bout de la rue du Temple.

La Porte des *Thuilleries*, dans la rue Saint Honoré.

La Porte *S. Victor*, au bout de la rue Saint Victor.

La Porte de la *Comtesse*, ou du Comte d'Artois, au bout de la rue Monconseil.

LES PLACES DE PARIS.

LA Place de *Loüis-le-Grand*, dite des Conquêtes, ou de Vendôme, a une entrée par la rue Saint Honoré, & l'autre vis-à-vis les Capucines. Au milieu de cette place est posée en face des RR. PP. Feüillans la Statue equestre en bronze de Loüis XIV. d'heureuse mémoire; elle est portée sur un Piedestail de marbre blanc, relevé d'un gradin de quatre à cinq marches de même marbre, & aux quatre faces du même Piedestail il y a des vers gravés à la loüange de ce grand Monarque. Cette place est vaste & est entourée de superbes bâtimens. On y fait les publications de paix.

La Place des *Victoires*, au quartier S. Eustache, a plusieurs entrées dont les principales sont par les rues des Fossez Montmartre & des Petits Champs. Quoique cette place ne soit pas une des plus grandes, elle ne laisse pas d'être au sentiment des personnes de bon goût, une des plus magnifiques. Elle a pour avenuës de très belles rues, longues & larges à proportion, d'où l'on voit comme en perspective s'élever sur un gradin de quatre à cinq marches de marbre blanc, un Piedestail de même marbre orné de bas-reliefs qui representent les Exploits de l'invincible Loüis XIV. Aux quatre coins du même Piedestail il y a quatre figures de bronze plus hautes que nature, enchaînées avec leurs Armes, & au bas desquelles on lit des devises latines. Au dessus est la Statuë de ce grand Roy revêtu de ses habits Royaux, tenant sous ses pieds un lion terrrassé, & derriere il y a un Ange, le pied sur un globe, qui lui met une couronne de laurier sur la tête : le tout est de bronze doré. Ce Piedestail ainsi orné est renfermé d'un très beau treillis de fer doré, entre lesquels on a reservé en forme d'allée un espace pavé de marbre blanc & noir. On peut juger par cette petite description de la magnificence de cette Place. Monsieur le Maréchal de la Feüillade qui a pris soin de la faire construire, avoit poussé l'ornement plus loin, & avoit voulu que cette Place qui de jour est éclairée par le Flambeau du Ciel, le fût encore de nuit par une lumiére lumière artificielle. Pour cet effet il avoit fait mettre aux quatre coins quatre fallots de cuivre doré, soutenus chacun de trois colomnes de marbre jaspé, ornées de Médailles de bronze, & posées sur un Piédestail de même marbre; mais depuis quelques années M. le Duc d'Orleans Régent a jugé à propos de les faire enlever, & en a fait present aux RR. PP. Theatins pour leur nouvelle Eglise. Les belles maisons qui sont à l'entour de cette Place, y servent encore de lustre, & ne contribuent pas peu à la faire admirer. On y fait à l'ordinaire les publications de Paix.

La Place d'*Henry IV.* est située au milieu du Pont Neuf vis-à-vis la Place Dauphine en face de la grande porte du Palais de Justice. Dans cette Place est la Statuë équestre du Prince dont elle porte le nom, qui fait face à la Place Dauphine & à la grande porte du Palais de Justice, que l'on nommoit autrefois le Palais de S. Loüis. La Statuë de ce Roy est posée sur un Piedestail de marbre blanc & gris, aux quatre coins duquel sont quatre Figures de bronze enchaînées, & autour de bas-reliefs qui font con-

H

noître les belles actions de ce Heros. On y fait les publications de Paix.

La Place de *Loüis XIII.* communément dite la Place Royale, a une entrée par la ruë Saint Antoine, vis-à-vis la ruë Beautreillis, & l'autre vis-à-vis les Minimes. Cette Place étoit ce que l'on apelloit autrefois l'Hôtel Saint Paul, ou des Tournelles. Elle est environnée de superbes bâtimens construits dans un même ordre d'architecture en forme de Cloître, le long desquels on se promene à l'abri des injures du tems. Il y a un magnifique treillis de fer qui entoure une grande terrasse carrée, au milieu de laquelle s'éléve un Piédestail de marbre blanc soutenu de quatre à cinq gradins de même marbre: on y lit autour des vers composés à la loüange du Héros, dont la Statuë équestre aussi de bronze, est au dessus mise en face de la ruë S. Antoine. On y fait les publications de Paix.

La Place *Dauphine*, au milieu du Pont Neuf: elle est de figure triangulaire; sa principale entrée est du côté du Pont Neuf.

Les Places de Paris.

La Place de *Gréve*, vis-à-vis la Maison de Ville.

La Place ou Cour du *Palais* a plusieurs entrées, dont la principale est par la rüe Saint Loüis, & vis-à-vis la rüe de la Calendre.

La Place neuve & Cour du *Palais*, du côté de la Place Dauphine.

La Place du *Collége Royal*, vis-à-vis le Collége du même nom, quartier Saint Benoît.

La Place de *Cambray*, ou du Collége des trois Evêques, vis-à-vis le Collége du même nom, derriére la fontaine Saint Benoît au même quartier.

La Place du *Château des Thuilleries*, ou le Carousel, proche le Louvre.

La Place *Baudoyer*, proche le Cimetiére Saint Jean & Saint Gervais.

La Place du *Chevalier du Guet*, proche le Grand Châtelet.

La Place du *Pont Saint Michel*, au bout de la rue de la vieille Bouclerie.

La Place de la *Vieille Estrapade*, au Fauxbourg Saint Jacques.

La Place de l'*Arcenal*, du côté de la Seine auprès des Célestins.

Autre Place de l'*Arcenal*, du côté de la Bastille.

La Place de la *Bastille*, dans la

rüe saint Antoine vis-à-vis le Château de la Bastille.

La Place du *Palais Royal*, vis-à-vis le Château du même nom, dans la rüe saint Honoré.

La Place de *Sorbonne*, vis-à-vis l'Eglise du même nom, au haut de la rüe de la Harpe.

La Place du *Temple*, vis-à-vis le Temple.

La Place *Neuve*, vis-à-vis les Cordeliers dans la rüe de l'Observance.

La Place du *Noviciat des Jésuites*, au Fauxbourg saint Germain.

La Place aux *Veaux*, au bout du Pont Marie.

Deux Places ou Marchés aux *Chevaux* : l'une sur le rempart de la rüe saint Honoré, & l'autre auprès de la Croix Clamart, au Fauxbourg saint Victor.

La Place ou Carré de *Ste Geneviève du Mont*, vis-à-vis l'Eglise du même nom.

La Place ou Parvis *Notre-Dame*, vis-à-vis les trois portes de ladite Eglise ; on y a transféré la barriére des Sergens, qui étoit cy-devant sur le Pont saint Michel.

LES FONTAINES ET POMPES de Paris.

A

La Fontaine de la rue *S. Antoine*, vis-à-vis la culture Ste Catherine.

La Fontaine *Ste Avoye*, dans la rue du même nom.

B

La Fontaine *Barre-du-bec*, dans la rue du même nom.

La Fontaine de *Braque*, dans le quartier de l'Hôtel de Guise.

La Fontaine *S. Benoît*, au haut de la rue Saint Jacques.

La Fontaine de la Porte *Baudets*, auprès du Cimetiere saint Jean.

La Fontaine dite de la *Brosse*, ou du Jardin Royal des Plantes, au Fauxbourg saint Victor.

C

La Fontaine des *Carmes*, au milieu de la place Maubert.

La Fontaine *S. Côme*, proche l'Eglise du même nom.

C

La Fontaine de la *Croix-du-Trahoir*, au bout de la rue de l'Arbre-sec.

La Fontaine du *grand Châtelet*, dans le milieu du Marché.

La Fontaine de la *Charité*, au bout de la rue de Taranne.

La Fontaine de *Conty*, sur le quay de Conty.

La Fontaine des *Cinq-diamans*, au quartier des Cinq-diamans.

D

La Fontaine du *Diable*, dans la rue de l'Echelle, proche les Thuilleries.

E

La Fontaine de l'*Echaudé*, dans la vieille rue du Temple.

La Fontaine de l'*Egout du Marais*, proche les Boulevarts.

La Fontaine *S. Eloy*, vis-à-vis la grande porte du Palais.

G

La Fontaine *Ste Geneviéve*, au haut de la montagne du même nom.

La Fontaine de l'Abbaye *S. Germain des Prez*, dans l'Enclos de ladite Abbaye.

La Fontaine de la place de *Gréve*,

proche l'Hôtel du Ville.

La Fontaine de *S. Germain des Prez*, au bout de la rue des Cordeliers.

H

La Fontaine des *Halles*, au milieu de la grande Place, vis-à-vis le Pilory.

I

La Fontaine des *Sts Innocents*, rue Saint Denis.

L

La Fontaine *S. Lazare*, vis-à-vis le Prieuré du même nom.

La Fontaine du *Luxembourg*, au Luxembourg, du côté de la rue d'Enfer.

M

La Fontaine de la rue *Maubué*, dans la rue Saint Martin.

La Fontaine de *Marle*, dans la rue Sale-au-Comte, derriere Saint Leu, Saint Gilles.

La Fontaine *S. Michel*, au haut de la rue de la Harpe.

N

La Fontaine de *Notre-Dame*, dans le Parvis, vis-à-vis l'Eglise.

La Fontaine de *Nôtre-Dame des Champs*, ou des Carmelites, au Fauxbourg saint Jacques.

La Fontaine du College de *Navarre*, dans la Cour du College de ce nom.

O

La Fontaine *S. Ovide*, rue S. Honoré.

P

La Fontaine de *Paradis*, dans la rue de Paradis au Marais.

La Fontaine des *Petits Peres*, derriere l'Hôtel de Colbert.

La Fontaine de *Piſſotte*, aux murailles du Prieuré de S. Martin des Champs.

La Fontaine de la rue *Pot de fer*, au coin de la rue du même nom.

La Fontaine du *Ponceau*, dans la rue S. Denis.

La Fontaine du *Palais*, dans la Cour du Palais.

La Fontaine ou décharge de la *Pompe de la Samaritaine*, vis-à-vis le Pont de Bourbon.

La Fontaine du *Pleſſis-Sorbonne*, qui répondoit autrefois par un tuyau dans la rue Froid-manteau, quartier du Puits Certain.

Q

La Fontaine des *Quinze-vingt*, dans l'Enclos de la maison.

R

La Fontaine de la *Reine*, dans la rue faint Denis.

La Fontaine du *Regard*, hors la fauffe porte faint Jacques.

La Fontaine de *Richelieu*, dans la rue de Richelieu.

S

La Fontaiue, Pompe & Baffin de la *Samaritaine*, au Pont Neuf.

La Fontaine S. *Severin*, au bas de la rue S. Jacques.

T

La Fontaine du *Temple*, proche le Temple.

La Fontaine des *Tournelles*, auprès de la porte S. Antoine.

La Fontaine de la *Trinité*, au bout de la rue Darnetal, dans la rue S. Denis.

H 5

V

La Fontaine *S. Victor*, vis-à-vis l'Hôpital de la Pitié, au Fauxbourg S. Victor.

Outre ces Fontaines, les Palais, Communautés Religieuses, Colléges & Hopitaux, ont des Pompes, Réservoirs ou Baſſins dont les Tuyaux ſe déchargent en divers endroits pour le ſoulagement du Public.

LES PALAIS ET HOTELS
où demeurent les perſonnes de qualité.

A

Hôtel des *Ambaſſadeurs Etrangers*, proche la Charité, au Fauxbourg Saint Honoré.

Hotel des *Ambaſſadeurs Extraordinaires*, dans la ruë de Tournon, au Fauxbourg Saint Germain.

Palais *Archiépiſcopal*, dans le Cloître Notre-Dame, quartier de la Cité.

Hotel de *S. Agnan*, derriére le Louvre, ruë ſaint Honoré.

Autre Hotel de *S. Agnan*, ruë de Varenne, au Faubourg S. Germain.

A

Hotel d'*Aligre*, où est à présent le Grand Conseil, rue saint Honoré.

Autre Hotel d'*Aligre*, ruë de l'Université, au Fauxbourg Saint Germain.

Hotel d'*Antin*, ruë neuve Saint Augustin, au coin de la ruë de Loüis-le-Grand.

Hotel d'*Albret*, ruë des Francs-Bourgeois, au Marais.

Hotel d'*Armagnac*, ruë Saint Nicaise, quartier du Palais Royal.

Hotel d'*Armenonville*, ruë Plâtriére, quartier Saint Eustache.

Hotel d'*Aumont*, ruë de Joüy, quartier Saint Antoine.

Petit Hotel d'*Aumont*, ruë de la Mortellerie.

Hotel d'*Avaux* : voyez M cy-après.

Hotel d'*Angoulême*, à present de la Moignon, ruë Pavée ou des Francs-Bourgeois, quartier Saint Antoine.

Hotel d'*Argouges*, dans la vieille ruë du Temple.

Hotel d'*Angeau*, à la Place Royale, quartier Saint Antoine.

Hotel d'*Albiac*, à present la Communauté des 33. pauvres étudians à la montagne sainte Geneviéve, vis-à-vis le Collége de Navarre.

Hotel d'*Argenson*, dans le Cul de

Sac du même nom, dans la vieille ruë du Temple.

Grand & Petit Hotel d'*Auvergne*, ruë de l'Université, au Fauxbourg S. Germain.

B.

Château de la *Bastille*, proche la Porte saint Antoine.

Hotel de *Bullion*, ruë Plâtriére, quartier saint Eustache.

Hotel de *Bournonville*, à present de Noailles, ruë saint Honoré, proche les Jacobins.

Hotel de *Bourgogne*, où est à present le Théatre Italien, dans la ruë Monconseil, quartier saint Eustache.

Hotel du *petit Bourbon*, ou Garde-meuble du Roy, dans la ruë du Petit Bourbon.

Hotel de *M. l'Abbé Bignon*, dans le Cloître de S. Germain l'Auxerrois.

Hotel de *Bignon de Blanzy*, ruë neuve saint Augustin.

Hotel de *Beauvilliers*, ruë Sainte Avoye.

Hotel de *Bechameil de Nanteil*, ruë de l'Université, au Fauxbourg S. Germain.

Hotel *Buisson*, rue d'Orleans, quartier du Temple.

B

Hôtel de *Blainville*, ruë Saint Dominique, au Fauxbourg S. Germain.

Hôtel de *Brogelie*, ruë saint Dominique, au Fauxbourg S. Germain.

Hôtel de *Boüillon*, sur le Quay des Theatins.

Hôtel de *Brizac*, ruë des deux Ecus, quartier saint Eustache.

Le *Bureau d'Adresse*, aux Galleries du Louvre.

Hôtel de *Berteville*, vieille ruë du Temple, quartier du Temple.

Hôtel de *Beauvais*, dans la ruë S. Antoine.

Hôtel de *Boucherat*, dans la ruë S. Loüis au Marais.

Hôtel de *Bethune*, dans la ruë du Gros Chenet.

Hôtel de *Bonneval*, dans la ruë de Grenelle.

Hôtel de *Boufflers*, à la Place Royale.

Hôtel de *Bretonvilliers*, à la pointe de l'Isle saint Loüis.

C

Palais *Cardinal*, apellé communément Palais Royal, dans la ruë saint Honoré, où demeure Son Altesse Royale Monseigneur le Duc d'Orleans, Régent.

Hôtel de la *Chancellerie*, à la Place Vendôme, quartier saint Honoré.

Hôtel de *Chevreuse*, ruë S. Dominique, au Fauxbourg saint Germain.

Hôtel de *S. Chaumont*, dans la ruë saint Denis vers la porte.

Hôtel de *Comminge*, ruë saint Dominique, au Fauxbourg S. Germain.

Hôtel de *Clugny*, dans la ruë des Mathurins.

Hôtel de *Chamillard*, ruë de saint Augustin, quartier Montmartre.

Autre Hôtel de *Chamillard*, ruë Cocq-heron, ou Coqueron.

Hôtel *Colbert*, ruë neuve des petits Champs.

Hôtel de *Caumartin*, dans la ruë sainte Avoye.

Hôtel de *Charôts*, dans la ruë Montmartre.

Hôtel de *Croisat*, dans la ruë de Richelieu.

Hôtel *le Camus*, dans la ruë d'Orleans, au Marais.

Hôtel de *Cavoye*, ruë des saints Peres, au Fauxbourg saint Germain.

Hôtel de *Coffé*, au quartier saint Germain des Prez.

Hôtel de *Coaslin*, ruë des deux Portes ou du Regnard, quartier S. Martin.

C

Hôtel de *Crequy*, fur le Quay des Théatins.

Autre Hôtel de *Crequy*, ou de Conty, dans la ruë des Poulies.

Hôtel de *Condé*, dans la ruë de Condé ou de faint Lambert.

Grand & Petit Hôtel de *Conty*, ruë de Vaugirard.

Grand & Petit Hôtel de *Conty*, fur le Quay du même nom.

Hôtel de *Conty*, ruë neuve faint Auguftin, quartier Montmartre.

Hôtel de *Châtillon*, dans la ruë de Bourbon.

Hôtel des *Charités S. Denis en France*, ruë des Auguftins du grand Couvent.

Hôtel de *Cruſſol*, dans la ruë de Richelieu.

Hôtel de la *Coquille*, proche faint Landry, quartier de la Cité.

Hôtel de *Château-Neuf*, ruë faint Dominique, au Fauxbourg faint Dominique.

Hôtel de *Caumont*, ruë de Richelieu.

Hôtel de *Chaulnes*, à la Place Royale.

Hôtel de *Clermont*, ruë de Varenne.

Hôtel de *Crequy*, à la Place des Conquêtes.

Hôtel de *Carnavalet*, ruë Culture fainte Catherine.

C

Hôtel de *Charny*, ruë des Barres, derriére saint Gervais.

D

Hôtel de *M. Dagnesseau*, Chancelier de France, dans la ruë Pavée, quartier saint André des Arts.

Hôtel de *Duras*, à la Place des Victoires.

Autre Hôtel de *Duras*, à la Place Royale.

Hôtel *Desmaretz*, dans la ruë neuve saint Augustin.

E

Hôtel d'*Estrés*, ruë Barbette, quartier du Marais.

Autre Hôtel d'*Estrés*, dans la ruë de Grenelle.

Hôtel d'*Espernon*, dans la vieille ruë du Temple.

Hôtel d'*Effiat*, à present apellé de Pelletier de Soufy, dans la vieille ruë du Temple.

Hôtel d'*Elbœuf*, dans la ruë de Vaugirard, quartier du Luxembourg.

Autre Hôtel d'*Elbœuf*, dans la ruë du Cherche-Midi.

Hôtel d'*Estampes*, dans la ruë de Varenne.

F

Hôtel de *Fourcy*, dans la ruë de Joüy, quartier faint Antoine.

Hôtel de *Fieubet*, fur le Quay des Céleftins.

Hôtel de la *Force*, ou de S. Paul, ruë des Ballets.

Autre Hôtel de la *Force*, ruë des Saints Peres, vis-à-vis la ruë de Taranne.

Hôtel de *Ferriére*, ruë des Maçons, proche la Sorbonne.

Hôtel de la *Ferté*, dans la ruë de Richelieu.

Hôtel de *S. Fremont*, ruë de Grenelle, au Fauxbourg S. Germain.

Hôtel des *Fermes du Roi*, anciennement de Seguier, rue de Grenelle, quartier S. Honoré.

G

Hôtel ou Palais Abbatial de *S. Germain des Prez*, dans la ruë de Buffy.

Palais ou Maifon Abbatiale de *Ste Geneviéve*, dans le Carré du même nom.

Hôtel de *Saint Geran*, à la Place Royale.

Hôtel des *Gobelins*, hors la fauffe porte faint Jacques.

G

Hôtel de *Gêvres*, ruë de Bercy, au Fauxbourg saint Antoine.

Autre Hôtel de *Gêvres*, à présent de Penottier, ruë Cocq-heron, quartier saint Eustache.

Hôtel de *S. Gelais*, ruë de la Planche, au Fauxbourg saint Germain.

Hôtel de *Gourville*, dans la ruë de Condé.

Hôtel de *Guise*, à présent de Soubise : voyez S cy-après.

Hôtel de *Grammont*, ruë des vieux Augustins.

Autre Hôtel de *Grammont*, ruë neuve de saint Augustin.

Hôtel *Guyet*, ruë sainte Anne, proche saint Roch.

Hôtel de *M. le Grand Prieur*, au Temple.

Hôtel de *Gamache*, dans la ruë des Saints Peres.

Petit Hôtel de *Gamache*, dans la ruë de Verneüil.

Hôtel ou Maison du *Garde-Meuble du Louvre*, au coin du Quay de l'Ecole.

H

Hôtel de l'*Hôpital*, ruë des Petits Peres de la Place des Victoires.

H

Hôtel de *Harlay*, cy-devant de Pelletier, ruë faint Honoré.

I

Hôtel *Jaune*, ou Zaune, au bout du Fauxbourg faint Marcel, vers la ruë de l'Ourfine.

Hôtel ou Maifon des *Indes Orientales*, ruë faint Martin.

Hôtel Royal des *Invalides*, au bout de la ruë de Grenelle, au Fauxbourg faint Germain.

Le *Jardin Royal des Plantes*: voyez J dans les Colléges.

L'*Imprimerie Royale*, aux Galleries du Louvre, rue des Orties.

Hôtel de *M. Joly de Fleury*, Procureur Général du Parlement de Paris, dans la rue Haute-Feüille.

Hôtel des *Juges-Confuls*, dans le Cloître faint Mederic, derriére l'Eglife de ce nom.

L

Palais ou Château Royal du *Louvre*, vis-à-vis faint Germain l'Auxerrois.

Hôtel de *Leon*, ruë Garancé ou Garanciere, au Fauxbourg S. Germain.

Hôtel de *Liancourt*, dans la ruë de Seine, au Fauxbourg faint Germain.

L

Hôtel de *Longueville*, dans la ruë saint Thomas du Louvre.

Hôtel de *Lesdiguiéres*, dans le Cul de Sac de la Cérisaye.

Hôtel de *Lausun*, sur le Quay des Theatins.

Hôtel de *Louvois*, dans la ruë de Richelieu.

Hôtel de *Loraine*, ruë Payenne, au bout de la ruë du Parc Royal.

Hôtel de *Luxembourg*, cy-devant de Soissons, ruë saint Honoré.

Hôtel du *petit Luxembourg*, ruë de Vaugirard, ou du Petit Bourbon.

Grand & Petit Hotel de *Luynes*, ruë saint Dominique, au Fauxbourg saint Germain.

Hôtel du *Lude*, dans la ruë saint Dominique, au Fauxbourg saint Germain.

Hôtel de *Lyonne*, au bout de la ruë saint André des Arts.

M

Hôtel de *Mayenne*, dans la ruë S. Antoine.

Hôtel ou Palais *Mazarin*, appellé à présent de la Compagnie des Indes, ruë neuve des Petits Champs.

La *Manufacture Royale des Glaces*,

M

au Fauxbourg saint Antoine.

Hôtel de *Mailly*, sur le Quay des Theatins.

Hôtel de *Menars*, à la porte de Richelieu.

Hôtel de *Montmorency*, ruë du Cherche-Midy.

Hôtel de la *Monnoye du Roy*, ruë de la Monnoye.

Autre Hôtel de la *Monnoye*, dans l'avant-cour du Louvre.

Hôtel de *Montmort*, vis-à-vis la ruë de Braque.

Hôtel de *Mesmes*, anciennement de Montmorency, & à present d'Avaux, ruë sainte Avoye.

Hôtel des *Mousquetaires du Roy*, ruë de Beaune & de Braque, Faubourg saint Germain.

Autre Hôtel des *Mousquetaires du Roy*, ruë de Charenton, au Faubourg saint Antoine.

Grand & Petit Hôtel de *Matygnon*, ruë saint Dominique.

Hôtel de la *Moignon*, autrefois d'Angoulême : voyez A cy-devant.

Hôtel de *Mortemart*, ruë S. Guillaume, au Fauxbourg saint Germain.

Hôtel de *Marillac*, rue & quartier sainte Avoye.

M

Hôtel de *Mortagne*, cy-devant apellé la Folie Norie, au Fauxbourg S. Antoine.

Hôtel de *Montperous*, rue Pot de Fer, au Fauxbourg faint Germain.

Hôtel de la *Mothe-Houdancourt*, rue de Grenelle, au Fauxbourg faint Germain.

Hôtel de *Maifons*, rue de l'Univerfité, au Fauxbourg faint Germain.

N

Hôtel de *Nefmond*, fur le quay de la Tournelle.

Hôtel *Nicolaï*, anciennement de Chaulnes, à la place Royale.

Hôtel de *Noailles*, autrefois de Bournonville : voyez B cy-devant.

Hôtel *Noyer*, rue de la Raquete, au Fauxbourg Saint Antoine.

Hôtel de *Novion*, où demeure M. le Préfident de Novion.

Hôtel de *Nevers*, où eft à préfent la Banque, dans la rue de Richelieu, quartier de la Place des Victoires.

O

Palais d'*Orleans*, furnommé le Luxembourg, vis à vis la rue de Tournon, fauxbourg faint Germain.

Hôtel de *Pontchartrain*, cy-devant Hôtel de Lyonne, rue neuve des Petits Champs.

Hôtel *S. Paul*, ou de la Force: voyez F cy-devant.

Hôtel de *Pomponne*, cy-devant de l'Hôpital, rue du petit Reposoir.

Hôtel ou maison Royale de *M. le Premier Président*, dans la rue ou cour ancienne du Palais.

Hôtel du *Petit Châtillon*, rue des bons Enfans.

Hôtel *Phelyppeaux*, dans la rue Cocq-heron.

Autre Hôtel de *Phelyppeaux*, dans la rue Chapon.

Hôtel *le Pelletier de Souzy*, autrefois d'Effiat : voyez cy-devant E.

Hôtel *le Pelletier des Fors*, rue Culture Ste Catherine.

Hôtel de *Pompadoure*, rue de Grenelle, près les Invalides.

Autre Hôtel de *Pompadoure*, dans la rue de l'Université, au Fauxbourg Saint Germain.

Hôtel ou maison des *Pompes*, au milieu du Pont Notre-Dame. C'est là où est la machine qui fournit de l'eau dans toutes les Fontaines de Paris.

Q

Hôtel des *Quatre Pavillons* : voyez R cy-après.

R

Hôtel de *Rambouillet*, rue S. Thomas du Louvre.

Autre Hôtel de *Rambouillet*, autrefois des Quatre Pavillons, rue de la Planchette.

Hôtel de *Rohan*, à la Place Royale.

Autre Hôtel de *Rohan*, rue de l'Egout, auprès de la Place Royale.

Hôtel de *Richelieu*, rue de l'Université, au Fauxbourg S. Germain.

Hôtel de *Rebours*, rue neuve de Saint Mederic.

Hôtel de *M. Robert*, dans la rue Ste Avoye.

Hôtel de *la Roche-Guyon*, rue des bons Enfans.

Hôtel de *Royaumont*, dans la rue du Jour.

Hôtel de *Roquelaure*, dans la rue Saint Dominique, au Fauxbourg S. Germain.

Palais *Royal* ou Cardinal : voyez ci-devant C.

S

Hôtel *Salé*, dans la rue de Torigny au Marais. Hôtel

Hôtel de *Seguier*, ou des Fermes, où se tient à présent le Bureau de la grande Douanne : voyez ci-devant F.

Hôtel de *Sully*, dans la grande rue Saint Antoine.

Hôtel de *Sens*, à présent une Messagerie, rue des Barrieres.

Hôtel de *Sourdis*, rue des Fossez S. Germain l'Auxerrois.

Hôtel *Soubise*, autrefois de Guise, dans la rue de Chaume.

Hôtel *Sourdiac*, rue Garanciere ou Garancé, au Fauxbourg Saint Germain.

Hôtel de *S. Simon*, rue des Saints Peres, au Fauxbourg S. Germain.

Hôtel de *Senneterre*, rue de Grenelle, au Fauxbourg S. Germain.

Hôtel de *Savonerie*, au bout du Cours de la Reine, au-dessous de Chaillot.

Hôtel de *Soleure*, rue Ste Marguerite, au Fauxbourg S. Germain.

Hôtel de *Sillery*, dans le cul de sac de Conti.

Hôtel de la *Serpente*, rue Serpente, quartier S. André des Arts.

Hôtel de la *Sur-Intendance des Bâtimens du Roy*, rue des Poulies.

Hôtel de *Soissons*, dans la rue des deux Ecus.

T

Hôtel de *Taranne*, rue de Taranne, au Faubourg S. Germain.

Hôtel de la *Thréforerie de la Ste Chapelle*, dans la cour du Palais.

Hôtel de *Toulouse*, cy-devant de la Vrilliere, rue de la Vrilliere, à la Place des Victoires.

Hôtel de *Torcy*, dans la rue Vivien.

Hôtel de *Trefmes*, rue neuve de S. Augustin.

Autre Hôtel de *Trefmes*, rue du Foin, quartier S. Antoine.

Autre Hôtel de *Trefmes*, dans la rue des Poulies.

Hôtel de *M. Titon*, dans la rue de Montreüil.

Hôtel de *Terrat*, dans la rue de Tournon.

Hôtel *le Tellier*, rue des Francs-Bourgeois, au Marais.

Hôtel *S. Thomas du Louvre*, ou du Doyenné, rue du même nom.

V

Hôtel de *Valentinay*, rue S. Honoré, près S. Roch.

Hôtel de *Vendôme*, dans la rue Saint Honoré.

Autre Hôtel de *Vendôme*, dans la rue d'Enfer.

V

Autre Hôtel de *Vendôme*, dans la rue Saint Thomas du Louvre.

Hôtel de *Vantadour*, dans la rue de Charonne.

Hôtel de la *Vigne de Chaume*, rue de Bercy.

Hôtel de la *Vieuville*, dans la rue Saint Paul.

Hotel ou Maison Abbatiale de S. *Victor*, à S. Victor.

Hôtel de *Ville*, dans la Place de Gréve.

Hôtel de *Villars*, dans la rue de Grenelle, au Fauxbourg S. Germain.

Hôtel de *Vitry*, dans la rue des Minimes, au Marais.

Hôtel de la *Vrilliere*, à présent de Toulouse : voyez T cy-devant.

Hôtel de *Vertamont*, ci-devant de Pisieux, rue d'Orléans, quar. S. Honoré.

Hôtel de *Vié*, dans la rue S. Martin.

Hôtel *Voisin*, dans la rue S. Louis, au Marais.

Hôtel de *Verrüe*, rue du Cherchemidy, au Fauxbourg S. Germain.

Hôtel de *Villeroy*, rue de Torigny, au Marais.

Hôtel des *Vertus*, rue S. Dominique, au Fauxbourg S. Germain.

Hôtel des *Ursins*, derriere S. Landry, quartier de la Cité.

I 2

LES HOSTELS GARNIS.

A

Hôtel d'*Angleterre*, rue d'Anjou, au bout du Pont Neuf.

Hôtel d'*Auvergne*, rue de Seine, au Fauxbourg saint Germain.

Hôtel d'*Antragues*, rue de Tournon, Fauxbourg saint Germain.

Hôtel d'*Angleterre*, rue Jacob, au Fauxbourg saint Germain.

Hôtel d'*Aligre*, rue du Colombier, au Fauxbourg saint Germain.

Hôtel d'*Ausbeck*, rue du Colombier, Fauxbourg saint Germain.

Hôtel d'*Autriche*, rue saint Benoît, Fauxbourg saint Germain.

Hôtel d'*Allemagne*, rue de Vaugirard, au Fauxbourg saint Germain.

Hôtel des *Asturies*, rue des Fossoyeurs, au Fauxbourg S. Germain.

Hôtel d'*Allemagne*, rue du Four, au Fauxbourg saint Germain.

Hôtel d'*Alinge*, rue Mazarine, au Fauxbourg saint Germain.

Le petit Hôtel d'*Antragues*, rue de

Condé, au Fauxbourg saint Germain.

Hôtel d'*Anjou*, rue Dauphine, au Fauxbourg saint Germain.

Hôtel d'*Antragues*, rue des Cordeliers, Fauxbourg saint Germain.

Hôtel d'*Anjou*, rue des Maçons, quartier de la Sorbonne.

Hôtel d'*Anjou*, dans la rue Serpente.

Hôtel d'*Anguien*, rue Champ-fleury, quartier du Louvre.

Hotel d'*Aumal*, dans la rue Mâcon.

B

Hôtel de *Bourbon*, rue des Boucheries, Fauxbourg saint Germain.

Hôtel de *Bourgogne*, rue de Tournon, Fauxbourg saint Germain.

Hôtel de *Bourbon*, rue Jacob, Fauxbourg saint Germain.

Hôtel de *Beziere*, rue du Colombier, Fauxbourg saint Germain.

Hôtel de *Bruxelles*, rue saint Benoît, Fauxbourg saint Germain.

Hôtel de *Bretagne*, rue du Sépulchre, Fauxbourg saint Germain.

Hôtel de *Brabant*, rue du Sépulchre, Fauxbourg saint Germain.

Hôtel de *Bretagne*, rue de Seine, Fauxbourg saint Germain.

Hôtel de *Buſſy*, rue de Buſſy, Faubourg S. Germain.

Hôtel de *Bourgogne*, rue Mazarine, Fauxbourg saint Germain.

Hôtel de *Bruxelles*, rue Dauphine, Fauxbourg saint Germain.

Hôtel de *Buffy*, rue Christine, Faubourg saint Germain.

Hôtel de *Bretagne*, rue Dauphine, Fauxbourg saint Germain.

Hôtel de *Bretagne*, rue saint André des Arts.

Hôtel de *Bourdeaux*, rue Dauphine, Fauxbourg saint Germain des Prez.

Hôtel de *Brizac*, dans la rue de Savoye.

Hôtel de *Beauvais*, dans la rue de l'Hyrondelle.

Hôtel de *Bourbon*, dans la rue Serpente.

Hôtel de *Berry*, dans la rue du Jardinet.

Hôtel de *Bruxelles*, dans la rue saint Martin.

Hôtel de la *Bouteille*, dans la rue aux Ours.

Hôtel de *Bourgogne*, dans la rue de Grenelle, au quartier saint Eustache.

Hôtel du *Bouloy*, dans la rue du Bouloy.

Hôtel de *Bartillac*, dans la rue Fromentelle, quartier du Palais Royal.

B

Hôtel de *Brie*, dans la rue Cloche-perce.

Hôtel de *Brion*, derriere le Palais Royal.

Hôtel ou maison des *Bains*, dans la rue de Richelieu.

C

Hôtel de *Châtillon*, dans la rue de Tournon.

Hotel de la *Cour Imperiale*, rue de Buffy, Fauxbourg saint Germain.

Hotel de *Calais*, rue Mazarine, Faubourg saint Germain.

Hotel de *Crémone*, dans la rue Christine, Fauxbourg saint Germain.

Hotel de *Château-vieux*, rue saint André des Arts.

Hotel de *Chaumont*, dans la rue Gilles-cœur.

Hotel de *Condé*, dans la rue du Paon.

Hotel de *Carignan*, rue des vieilles Etuves, quartier saint Eustache.

Hotel de *Candie*, rue des Bons Enfans, quartier du Palais Royal.

Hotel de *Clermont*, rue de la Marche, au Marais.

Hotel de la *Couture*, dans la rue saint Jacques.

C

Grand & Petit Hôtel de *Champagne*, rue des vieux Auguſtins.

Hôtel de *Chevreuſe*, dans la rue S. Thomas du Louvre.

Hôtel de *Carignan*, dans la rue Fromentelle.

D

Hôtel *Dauphin*, rue des SS. Peres, au Fauxbourg ſaint Germain.

Hôtel *Dauphiné*, dans la rue des Boucheries.

Hôtel *Dauphin*, dans la rue des Barres.

Hôtel *Dauphin*, dans la rue des Petits Champs.

Hôtel aux *Daims*, auprès de la rue Guenegaud.

E

Hôtel d'*Eſpagne*, rue du Colombier, Fauxbourg ſaint Germain.

Hôtel d'*Eſpagne*, rue de Seine, Fauxbourg ſaint Germain.

Hôtel d'*Ennemarche*, rue de Buſſy, Fauxbourg ſaint Germain.

Hôtel d'*Ecoſſe*, rue des Petits Auguſtins, Fauxbourg ſaint Germain.

Hôtel du *S. Eſprit*, dans la rue des Cordeliers.

Hôtel d'*Espagne*, dans la rue de Savoye.

Hôtel du *S. Esprit*, dans la rue Plâtriére.

Hôtel du *S. Esprit*, dans la rue S. Antoine.

Hôtel du *S. Esprit*, dans la rue du Bouloy.

Hôtel du *S. Esprit*, où sont les grands-bains, rue saint Martin.

Hôtel du *S. Esprit*, dans la rue S. Honoré.

F

Hôtel *S. François*, rue du Four, Fauxbourg saint Germain.

Hôtel de *France*, dans la rue de l'Hyrondelle.

Hôtel de *Flandre*, rue des Fossez saint Germain.

Hôtel *Fleury*, dans la rue des Bourdonnois.

Hôtel *S. François*, dans la rue saint Thomas du Louvre.

Hôtel de *France*, dans le Carré de sainte Geneviéve du Mont.

Hôtel de *Flandre*, dans la rue Dauphine.

Hotel du *Grand-Loüis*, rue de Grenelle, quartier saint Eustache.

Hôtel de la *Guette*, rue du Four, Fauxbourg saint Germain.

H

Hôtel de *Hambourg*, rue des Boucheries.

Hôtel de *Hollande*, rue du Colombier, Fauxbourg saint Germain.

Hotel de *Hollande*, sur le Quay des Théatins.

Le Petit Hotel de *Hollande*, rue Mazarine, Fauxbourg saint Germain.

Hotel du *Havre*, dans la rue des Cordeliers.

Hotel de *Haute-Feüille*, dans la rue Haute-Feüille.

Hotel du *Grand Heros*, dans la rue du Mail.

Hotel d'*Hanover*, rue du Four, Fauxbourg saint Germain.

Grand Hotel d'*Harcourt*, dans la rue de la Harpe.

Petit Hotel d'*Harcourt*, dans la rue de la Harpe.

I

Hotel *Imperial*, dans la rue des Boucheries.

I

Hotel *Imperial*, dans la rue du Four, Fauxbourg saint Germain.

Hotel du Grand Nom de *Jesus*, rue des Mauvais Garçons.

Hotel *Imperial*, rue Dauphine, Fauxbourg saint Germain.

Hotel *Imperial*, dans la grande rue Guenegaud.

L

Hotel de *Lyon*, rue saint Benoît, au Fauxbourg saint Germain.

Hotel *S. Loüis*, rue de Seine, au Fauxbourg saint Germain.

Hotel de *Lille*, rue de Seine, Faubourg saint Germain.

Hotel *S. Loüis*, rue des Grands Augustins.

Hotel de *Luynes*, dans la rue Gilles-Cœur.

Hotel de *Londres*, dans la rue Gilles-Cœur.

M

Hotel de la *Magdelaine*, rue des Boucheries.

Hotel du *petit Moyse*, rue de Bourbon, Fauxbourg saint Germain.

Hotel de *Montmorency*, rue de Tournon, Fauxbourg saint Germain.

M

Hotel de la *Martinique*, rue des Fossoyeurs, Fauxbourg saint Germain.

Hotel de *Modéne*, rue Jacob, Fauxbourg saint Germain.

Hotel de *Mayence*, rue de Seine, Fauxbourg saint Germain.

Hotel *S. Michel*, dans la rue du Petit Lion.

Hotel de *Mouy*, dans la rue Dauphine.

Hotel du *Mans*, rue saint André des Arts.

Hotel du *Maine*, rue des vieilles Etuves, quartier saint Eustache.

Hotel du *Mans*, dans la rue Mâcon.

Hotel de *Madrid*, dans la rue de Savoye.

N

Hotel *Notre-Dame*, dans la rue Jacob, Fauxbourg saint Germain.

Hotel *Notre-Dame*, rue du Colombier, Fauxbourg saint Germain.

Hotel de *Nismes*, rue de Seine, Fauxbourg saint Germain.

Hotel de *Nassau*, rue Mazarine, Fauxbourg saint Germain.

Hotel de *Nantes*, dans la rue de la Harpe.

Hotel d'*Orleans*, dans la rue d'Orleans.

P

Hotel *S. Paul* rue du Colombier, Fauxbourg saint Germain.

Hotel de *Picardie*, rue Mazarine, Fauxbourg saint Germain.

Hotel de *Poitiers*, rue de la Comedie, Fauxbourg saint Germain.

Hotel de *S. Pierre*, dans la rue d'Anjou.

Hotel *Palatin*, dans la rue des Grands Auguſtins.

Hotel de *Portugal*, vieille rue du Temple.

Hotel du *Preſſoir*, dans la rue S. Martin.

Hotel de la *Providence*, dans la rue d'Orleans, quartier ſaint Euſtache.

Hotel de la *Pomme de Pin*, rue des vieilles Etuves.

Hotel *S. Pierre*, rue de Grenelle quarier ſaint Euſtache.

Q

Hotel de *Quebec*, rue Jacob, Fauxbourg ſaint Germain.

Hotel des *Quatre Nations*, rue de

Seine, Fauxbourg saint Germain.

Hotel des *Quatre Nations*, rue Mazarine, Fauxbourg saint Germain.

R

Hotel de *Rouën*, rue saint Benoît, Fauxbourg saint Germain.

Hotel des *Romains*, rue Ste Marguerite, Fauxbourg saint Germain.

Hotel de la *Reine Marguerite*, rue de Seine, Fauxbourg saint Germain.

Hotel de *Rouën*, rue de Seine, Faubourg saint Germain.

Hotel de *Reims*, dans la rue de l'Hyrondelle.

Hotel *Royal*, dans la rue Bourlabbé.

Hotel de la *Reine Marguerite*, rue Pavée, quartier saint André des Arts.

S

Hotel de *Staremberg*, rue de Boucheries, Fauxbourg saint Germain.

Hotel de *Sarcy*, dans la rue de Taranne, Fauxbourg saint Germain.

Hotel de la *Salmandre*, rue de l'Hyrondelle.

Hotel du *Soleil d'or*, rue Darnetal, ou Greneta.

T

Hotel de *Treville*, rue de Tournon, Fauxbourg saint Germain.

Hotel de *Taranne*, rue de Taranne, Fauxbourg saint Germain.

Hotel des *Thuilleries*, rue des Saints Peres, Fauxbourg saint Germain.

Hotel de *Transilvanie*, sur le quay des Théatins.

Hotel de la *Toison d'or*, dans la rue Mazarine.

Hotel de *Transilvanie*, dans la rue Dauphine.

Hotel de *Toulouse*, rue saint André des Arts.

Hotel de *Tonnerre*, rue des Grands Augustins.

Hotel de *Tours*, dans la rue du Paon.

Hotel de *Touraine*, dans la rue Hautefe-üille.

Hotel de *Touraine*, rue d'Orleans, quartier saint Eustache.

V

Hotel des *Ursins*, Carrefour S. Benoît, vis-à-vis la rue de Taranne, au Fauxbourg saint Germain.

Hotel de *Venise*, rue saint Benoît, Fauxbourg saint Germain.

Hotel de *Valois*, rue des mauvais Garçons.

Vieil Hotel des *Yveteaux*, au Fauxbourg faint Germain.

LES HOSTELLERIES.

A.

LEs *deux Anges*, rue faint Martin.
Le *Mont S. Adrien*, grande rue du Fauxbourg faint Jacques.
L'*Avanture*, fur le quay des Auguftins.

B.

La *Barbe d'or*, grande rue du Fauxbourg faint Jacques.
La Ville de *Beauvais*, rue Comteffe d'Artois.
La *Bouteille d'or*, rue Montorgüeil.
La petite *Baftille*, rue de la Huchette.
Le *Bout du Monde*, rue Montorgüeil.
La *Bonne conduite*, grande rue du Fauxbourg faint Jacques.
Le *Bois de Vincennes*, dans la rue d'Enfer.

C

La *Corne de Cerf*, dans la grande rue du Fauxbourg saint Jacques.

La *Croix blanche*, dans la grande rue du Fauxbourg saint Jacques.

Le *Chariot d'or*, dans la grande rue du Fauxbourg saint Jacques.

La *Croix de fer*, dans la rue de la Harpe.

La *Croix de fer*, dans la rue saint Martin.

Le *Cardinal le Moine*, rue S. Martin.

La *Croix de Loraine*, rue Darnetal.

Le *Chariot d'or*, dans la rue Darnetal.

Le *gros Cadran*, dans la rue Darnetal.

La *petite Croix blanche*, rue Darnetal.

La *Croix de fer*, rue Bourlabbé.

La *Croix blanche*, rue Bourlabbé.

Le *Colombier*, rue saint Martin.

Le *grand Cerf*, rue saint Martin.

Le *Cheval rouge*, rue saint Denis.

Le *grand Cerf*, rue saint Denis.

La *Cellette rouge*, rue saint Denis.

La *Croix de fer*, rue saint Denis.

L'*Image S. Christophe*, rue Montorgüeil.

Le *Compas*, dans la rue Montorgüeil.

C

L'Image *S. Claude*, rue Montorgüeil.

La Ville de *Calais*, rue des Bons-Enfans.

Les *Caroſſes* de Caën, Bretagne & autres lieux, rue du Jour, près ſaint Euſtache.

Les *Caroſſes* de Troyes, de Villenoce & autres lieux, rue des Blancs-manteaux.

Les *Caroſſes* & *Chaiſes* pour Verſailles, Poiſſy & autres lieux, ſont dans la rue ſaint Nicaiſe.

Les *Coches* d'Angers, du Mans & autres lieux, rue du Cimetiere ſaint André des Arts.

Les *Chaiſes* & *Chevaux* de Poſte ſont dans la rue des Poulies.

D

Le grand *Dauphin*, rue Comteſſe d'Artois.

L'Ecu *Dauphin*, dans la rue Bourlabbé.

E

La Ville d'*Eſtampes*, grande rue du Fauxbourg ſaint Jacques.

L'Image *S. Etienne*, grande rue du Fauxbourg ſaint Jacques.

F

La *Fleur de Lis*, rue Montmartre.
La *sage Femme*, rue Montmartre.

G

La *Galere*, grande rue du Faubourg saint Jacques.
La *Grosse tête*, rue Montmartre.

H

La *Herse*, grande rue du Fauxbourg S. Jacques.
Le *Heaume*, rue de Tirouanne en Pirouanne, à la Halle.

J

Le petit *S. Jean*, grande rue du Fauxbourg saint Jacques.
L'Image *S. Jacques*, grande rue du Fauxbourg saint Jacques.
L'Image *S. Jacques*, grande rue de la Truanderie.

L

La Ville de *Loches*, rue des trois Chandeliers, quartier saint Severin.
Le *Lion d'argent*, rue Bourlabbé.
L'Image *S. Louis*, rue d'Enfer.
L'Image *S. Louis*, grande rue du Faubourg saint Jacques.

M

Les trois *Maures*, quay des Augustins.

L'Image *S. Michel*, grande rue du Fauxbourg saint Jacques.

Le *Mouton couronné*, rue Darnetal.

Le *Mouton*, au Cimetiere S. Jean.

Le *Mouton blanc*, rue saint Martin.

Les *trois Maures*, rue Montorgüeil.

N

L'Image *Notre-Dame*, grande rue Truanderie.

L'Image *S. Nicolas*, rue saint Denis.

L'Image *Notre-Dame*, rue de la Verrerie.

O

L'Ecu d'*Orleans*, dans la rue Contrescarpe.

L'Ecu d'*Orleans*, rue saint Dominique, au Fauxbourg saint Jacques.

P

La *Pomme d'or*, quay des Augustins.

Les *trois Poissons*, grande rue saint Jacques.

L'Hôtel de *Paris*, rue Gilles-cœur.

La *Pomme d'orange*, rue de la petite Truanderie.

P

La *Pomme d'orange*, rue du Four, Fauxbourg saint Germain.
La *Pomme de Pin*, rue des Prêcheurs.
Le *Paon*, rue Comtesse d'Artois.

R

Le *Renard rouge*, rue saint Denis.
Le *Roy David*, rue Bourlabbé.
La *Rose rouge*, rue de la Harpe.
La *Reine des Reines*, quay des grands Augustins.
Les *trois Rois*, rue Comtesse d'Artois.

S

La Ville de *Sedan*, rue Darnetal.
Le *Signe du Roy*, rue saint Martin.

T

La *Tour d'argent*, rue d'Enfer.
La *Tortue*, rue de Savoye.
La *Trinité*, rue saint Antoine.
Le *Tournois*, rue Darnetal.
La *Tête noire*, rue des Prêcheurs.

LES EGLISES, CHAPELLES
& Communautés Religieuses de la Ville & Fauxbourgs de Paris.

A

L'Eglise Paroissiale de *S. André des Arts*, rue du même nom.

La Chapelle de *S. Agnan*, rue de la Colombe, quartier de la Cité.

La Chapelle de l'Hôtel d'*Albiac*, ou Seminaire des trente-trois pauvres Ecoliers, vis-à-vis le College de Navarre.

La Communauté de *Ste Aubierge*, rue de Ruilly, Fauxbourg & quartier saint Antoine.

L'Eglise des *Angloises*, dite de l'Immaculée Conception, rue de Charenton, quartier du Fauxbourg saint Antoine.

L'Eglise des *Annonciades*, ou Recolettes, rue du Bac, Fauxbourg saint Germain.

La Communauté de *Ste Anne de l'Union Chrétienne*, rue de la Lune, quartier saint Denis.

L'Eglise des *Augustines Angloises*, sur le fossé des Peres de la Doctrine Chrétienne.

L'Eglise & Chapelle de *Ste Anne*, à la Nouvelle France.

L'Eglise de *Ste Anne*, ou des Prémontrés, rue Haute-feüille, vis-à-vis les Cordeliers.

L'Eglise de *Ste Anne la Royale*, ou des Théatins : voyez cy-après T

L'Eglise & Abbaye de *S. Antoine des Champs*, au Fauxbourg, & quartier saint Antoine.

L'Eglise des *Annonciades*, rue Culture sainte Catherine, quartier saint Antoine.

L'Eglise des *Annonciades de Popincourt*, quartier saint Antoine.

L'Eglise du *petit S. Antoine*, rue saint Antoine.

L'Eglise des *Augustins du Grand Couvent*, sur le quay du même nom, au bout du Pont Neuf.

L'Eglise des *petits Augustins réformés*, rue du même nom, quartier saint Germain des Prez.

L'Eglise des *Augustines de Chaillot*, à Chaillot : voyez cy-après P.

L'Eglise des *Augustines de Picpus*, au bout du Fauxbourg saint Antoine.

A

L'Eglise des *Augustines de la Mere de Dieu*.

La Chapelle de *Ste Avoye*, fondée par S. Louis pour les bonnes femmes veuves.

L'Eglise des *Augustins Déchauffez*, rue de Notre-Dame des Victoires, quartier Montmartre.

La Communauté des Filles *Ste Agnés*, rue Plâtriere, quartier saint Eustache.

La Communauté de *Ste Anne* de Madame de Fremont, rue neuve saint Roch, quartier du Palais Royal.

La Communauté des Filles de *Ste Aure*, rue neuve sainte Geneviéve.

L'Eglise de l'*Ave Maria*, rue des Barres.

L'Eglise des Religieuses de l'*Assomption*, rue saint Honoré.

B

L'Eglise Paroissiale de *S. Barthelemy*, vis-à-vis le Palais.

L'Eglise des Religieuses de *Belle-Chasse*, rue de Belle-Chasse, Faubourg saint Germain.

L'Eglise des *Benedictins Anglois*, au Fauxbourg saint Jacques.

La Communauté du *Bon Pasteur*, rue

rue du Cherche-midy, proche les Incurables.

L'Eglise des *Benedictines du S. Sacrement*, rue Cassette, quartier du Luxembourg.

L'Eglise des *Benedictines du S. Sacrement*, rue saint Loüis, au Marais.

L'Eglise des *Benedictines de Mouzon*, rue du Bac, au Faubourg saint Germain.

L'Eglise des *Benedictines de la Présentation*, rue des Postes.

L'Eglise des *Benedictines de la Ville-l'Evêque*, à la Ville-l'Evêque.

L'Eglise Paroissiale de *S. Benoît le bien tourné*, au haut de la rue saint Jacques.

L'Eglise des *Bernardins*, rue du même nom, à côté de saint Nicolas du Chardonnet.

La Chapelle du *R. P. Bernard*, à la Charité des hommes, au Fauxbourg saint Germain.

L'Eglise des *Bernardines du Sang précieux* : voyez cy après S.

L'Eglise des *Blancs-manteaux*, rue du même nom, quartier sainte Avoye.

La Chapelle de *S. Blaise*, rue Galande, auprès de la place Maubert.

L'Eglise de *S. Bon*, rue du même

nom, proche saint Mederic.

La Chapelle des *Bons Enfans*, proche saint Honoré.

L'Eglise des *Barnabites*, rue de la Barillerie.

C

L'Eglise des *Capucins*, rue saint Honoré, quartier du Palais Royal.

L'Eglise des *Capucins*, au bout du Fauxbourg saint Jacques.

L'Eglise des *Capucins*, rue d'Orleans, au Marais du Temple.

L'Eglise des *Capucines*, rue des Petits-Champs.

L'Eglise des Religieuses du *Calvaire*, dans la grande rue de Vaugirard.

L'Eglise des Religieuses du *Calvaire*, rue saint Loüis, au Marais.

L'Eglise des *Carmes de la place Maubert*, au bas de la montagne sainte Geneviéve.

L'Eglise des *Carmes Déchauffez*, dans la grande rue de Vaugirard.

L'Eglise des *Carmes Billettes*, rue du même nom, quatier sainte Avoye.

L'Eglise des *Carmelites*, rue Chapon, quartier saint Nicolas des Champs.

L'Eglise des *Carmelites*, rue de Grenelle, Fauxbourg saint Germain.

L'Eglise des *Carmelites*, au haut de la grande rue du Fauxbourg saint Jacques.

L'Eglise de la *Culture ou Couture Ste Catherine*, rue du même nom, & qui aboutit dans la rue saint Antoine.

La Communauté des Filles de *S. Chaumont*, au haut de la rue saint Denis, proche la porte.

L'Eglise des *nouvelles Catholiques*, rue de Lionne, ou de sainte Anne, quartier Montmartre.

L'Eglise des *Célestins*, proche la porte de l'Arsenal.

Les Eglises de la haute & basse *Ste Chapelle*, dans l'enclos du Palais.

La Chapelle de la *Chancellerie*.

La Chapelle du grand *Châtelet*.

Il est bon d'avertir qu'il n'y a point de Juridictions qui n'ayent leurs Chapelles particulieres, où on ne dise la Messe tous les jours, soit devant ou après l'Audiance.

L'Eglise des *Chartreux*, au bout de la rue d'Enfer.

L'Eglise de *S. Charles Borromée*, ou des Péres de la Doctrine Chretienne, sur les fossez de la porte saint Marcel.

L'Eglise de *S. Charles Borromée*, ou

de faint Julien des Menêtriers, rue faint Martin.

L'Eglife de *S. Charles Borromée*, à Bercy, Fauxbourg faint Antoine.

L'Eglife paroiffiale de *S. Chriftophe*, vis-à-vis l'Eglife Notre-Dame, quartier d la Cité.

L'Eglife de *Ste Croix de la Bretonnerie*, rue du même nom, quartier fainte Avoye.

La Communauté des *nouveaux Convertis*, rue de Seine, Fauxbourg faint Victor.

L'Eglife des Religieufes de *Ste Claire*, ou des Cordelieres, au Faubourg faint Marcel, dans la rue de l'Ourfine.

La Communauté des Filles de la *Croix*, dans le cul de fac de Grenelle, quartier faint Antoine.

La Communauté des Filles de la *Croix*, rue d'Orleans, au Fauxbourg faint Marcel.

La Communauté des Filles de la *Croix*, rue des Barres.

La Communauté des Filles de la *Charité*, dites les Sœurs Grifes, au Fauxbourg faint Lazare.

L'Eglife des Religieufes de la *Conception*, rue faint Honoré.

C

L'Eglise des Religieuses *Cordelieres*, rue de Grenelle, Fauxbourg saint Germain.

L'Eglise des Religieuses de la *Congregation de Notre-Dame*, dans la rue neuve saint Etienne, près saint Victor.

L'Eglise des Religieuses de la *Congregation*, à Charonne.

L'Eglise des *Cordeliers du grand Couvent*, rue du même nom, quartier saint André des Arts.

L'Eglise paroissiale de *S. Côme & S. Damien*, rue de la Harpe.

L'Eglise des Sœurs de la *Congregation de S. Joseph*, rue saint Dominique, au Fauxbourg saint Germain.

L'Eglise des Religieuses de la *Crêche*, proche le Puits-l'Hermite, Faubourg saint Marcel.

L'Eglise paroissiale de *Ste Croix de la Cité*, rue de la vieille Draperie.

L'Eglise des Religieuses de la *Croix*, rue de Charonne, Faub. S. Antoine.

D.

L'Eglise de *S. Denis de la Chartres*, sur le Pont Notre-Dame.

La Chapelle de *S. Denis du Pas*, dans le Cloître Notre-Dame.

La Chapelle *S. Dominique*, dans la

rue de Charonne, Fauxbourg saint Antoine.

E

L'Eglise paroissiale de *S. Etienne du Mont*, à côté de sainte Geneviéve.

L'Eglise de *S. Etienne des Grecs*, au haut de la rue saint Jacques.

L'Eglise de *Ste Elizabeth*, vis-à-vis le Temple.

L'Eglise de *S. Eloy*, vis-à-vis le Palais.

L'Eglise paroissiale de *S. Eustache*, au quartier des Halles.

La Communauté de l'*Enfant-Jesus*, au Fauxbourg saint Laurent.

La Communauté des *Enfans du S. Esprit*, à la Gréve.

F

L'Eglise des *Feüillans*, rue saint Honoré.

L'Eglise des *Feüillans*, dans la rue d'Enfer.

L'Eglise des *Feüillantines*, grande rue du Fauxbourg saint Jacques.

L'Eglise des *Filles Bleües*, proche la Coûture sainte Catherine.

L'Eglise des *Filles Pénitentes*, dites de saint Magloire dans la rue saint Denis.

G

L'Eglise & Abbaye de *Ste Geneviéve*, au haut de la montagne sainte Geneviéve.

L'Eglise paroissiale de *Ste Geneviéve des Ardens*, rue neuve Notre-Dame, quartier de la Cité.

L'Eglise paroissiale de *S. Germain le vieil*, au marché Neuf, quartier de la Cité.

L'Eglise paroissiale de *S. Germain l'Aux errois*, rue de l'Arbre-sec.

L'Eglise & Abbaye de *S. Germain des Prez*, au Fauxbourg du même nom.

L'Eglise & Hôpital de *S. Gervais* : voyez A dans les Hôpitaux.

L'Eglise paroissiale de *S. Gervais & S. Protais*, au quartier de la Gréve.

H

La Chapelle des *Haudriettes*, rue de la Mortellerie.

L'Eglise paroissiale de *S. Hylaire*, rue des Sept-voyes.

L'Eglise parroissiale de *S. Hyppolite*, proche la fausse porte saint Marcel.

L'Eglise & Chapitre de *S. Honoré*, rue saint Honoré.

La Chapelle de *S. Hubert*, proche le Thrône, au bout du Fauxbourg saint Antoine.

L'Eglise paroissiale de *S. Jacques du Haut-Pas*, grande rue du Fauxbourg saint Jacques.

L'Eglise paroissiale de *S. Jacques & S. Philippes*, au Roûle, Fauxbourg saint Honoré.

L'Eglise paroissiale de *S. Jacques de la Boucherie*, rue des Ecrivains.

L'Eglise paroissiale des *Sts Innocens*, au quartier des Halles.

L'Eglise paroissiale de *S. Jean en Gréve*, dans la rue du Malthois, quartier de la Gréve.

L'Eglise paroissiale de *S. Josse*, dans la rue Aubry-le-Boucher.

La Chapelle du *Jardin Royal des Plantes*, rue du Fauxbourg S. Victor.

L'Eglise du College *S. Jean de Beauvais*, rue du même nom.

La Chapelle de *S. Joseph*, au haut de la rue Montmartre.

La Chapelle de *S. Julien le Pauvre*, rue Galande, quartier de la place Maubert.

La Chapelle de la *Jussienne*, ou de sainte Marie Egyptienne, rue Montmartre.

L'Eglise paroissiale de *S. Jean*, à Belleville.

J

L'Eglise *S. Julien des Menêtriers*, ou de saint Charles Borromée : voyez C cy-devant.

L'Eglise des *Jacobins Reformés*, rue saint Honoré.

L'Eglise des *Jacobins du grand Couvent*, rue saint Jacques.

L'Eglise des *Jacobins*, rue saint Dominique, au Fauxbourg S. Germain.

L'Eglise paroissiale de *S. Jean le rond*, dans le parvis Notre-Dame.

L'Eglise Royale des *Invalides*, hors la Ville.

L

L'Eglise paroissiale de *S. Landry*, au bout du Cloître Notre-Dame, quartier de la Cité.

L'Eglise paroissiale de *S. Laurent*, au bout du Fauxbourg du même nom.

L'Eglise paroissiale de *S. Leu, S. Gilles*, dans la rue saint Denis.

L'Eglise de *S. Lazare*, au Fauxbourg du même nom.

La Chapelle Royale du *Louvre*, dans le Louvre.

L'Eglise paroissiale de *S. Loüis*, dans l'Isle neuve Notre-Dame.

L'Eglife paroiffiale de la *Magdelaine*, rue de la Juiverie, quartier de la Cité.

L'Eglife paroiffiale de *Ste Marine*, derriere faint Pierre aux Bœufs, quartier de la Cité.

L'Eglife paroiffiale de *Ste Marguerite*, au Fauxbourg faint Antoine.

L'Eglife paroiffiale de *S. Martial*, rue & cul de fac du même nom, quartier de la Cité.

L'Eglife paroiffiale de *S. Martin*, dans le Cloître de faint Marcel, au Fauxbourg du même nom.

L'Eglife & Chapitre *S. Marcel*, au Fauxbourg du même nom.

L'Eglife paroiffiale de *S. Médard*, au milieu du Fauxbourg faint Marcel.

L'Eglife paroiffiale de *S. Mederic*, ou faint Mery, à l'entrée de la rue faint Martin.

L'Eglife des Religieufes de *Ste Magdelaine*, vers le Temple.

L'Eglife de *Ste Magdelaine de Trefnel*, dans la rue de Charonne.

L'Eglife des Religieufes de *S. Mandé*, au village du même nom.

La Chapelle de *Ste Marie de Chaillot*, à Chaillot.

L'Eglife de *S. Martin des Champs*,

M

rue faint Martin, auprès de la porte du même nom.

L'Eglife & Chapelle des *Martyrs*, au Village de Montmartre.

L'Eglife du College de *Mazarin*, fur le quay du même nom.

L'Eglife de l'Abbaye Royale de *Montmartre*, à Montmartre.

L'Eglife de RR. PP. *Mathurins*, dans la rue du même nom, vis-à-vis le Cloître faint Benoît.

La Chapelle Collegiale des Peres de la *Mercy*, dans la rue des Sept-voyes.

L'Eglife des *Minimes*; à la Place Royale, quartier du Marais.

L'Eglife des *Minimes*, dans le Bois de Vincennes.

L'Eglife des *Minimes de Nigeon*, au bas de Paffy.

La Communauté de *Madame de Miramion*, fur le quay de la Tournelle.

Les Filles de la *Mifericorde de Jefus*, auprès de la Croix Clamart.

L'Eglife & les fept Chapelles du *Mont-Calvaire*, près Paris.

L'Eglife de *S. Michel Protecteur de la France*, dans l'Enclos du Palais.

N

L'Eglife Métropolitaine de *Notre-*

Dame de Paris, dans le milieu de la Cité.

L'Eglise paroissiale de *Notre-Dame de bonnes nouvelles*, à la Ville-neuve.

L'Eglise des Religieuses de *Notre-Dame de bon Secours*, rue de Charonne, Fauxbourg saint Antoine.

L'Eglise du grand Couvent de *Notre-Dame de la Mercy*, rue de Chaume, vis-à-vis l'Hôtel de Guise.

L'Eglise paroissiale de *S. Nicolas des Champs*, au bout de la rue saint Martin.

L'Eglise paroissiale de *S. Nicolas du Chardonnet*, rue saint Victor.

L'Eglise paroissiale de *S. Nicolas du Louvre*, vis-à-vis les galleries du Louvre.

L'Eglise de *S. Nicolas de la Savonnerie*, au bout du Cours de la Reine.

L'Eglise de l'Abbaye Royale de *Notre-Dame des Bois*, rue de Séve, au Fauxbourg saint Germain.

L'Eglise des Religieuses de *Notre-Dame de Consolation*, rue du Cherche-midi, Fauxbourg saint Germain.

L'Eglise de *Notre-Dame des Prez*, rue de Bagneux, Fauxbourg saint Germain.

L'Eglise de *Notre-Dame des Victoires*, au quartier Montmartre.

N

L'Eglife de *Notre Dame de Sion*, fur les foffez faint Victor.

L'Eglife des Religieufes de *Notre-Dame de Paix*, à Chaillot.

O

L'Eglife paroiffiale *de Ste Opportune*, vers le milieu de la rue faint Denis.

La Chapelle aux *Orphêvres*, fous l'invocation de S. Eloy, dans la rue des deux Portes, aboutiffant dans la rue faint Germain l'Auxerrois.

L'Eglife de l'*Oratoire de Jefus*, dite l'Inftitution, au bout du Fauxbourg faint Michel.

L'Eglife de l'*Oratoire de Jefus*, rue faint Honoré.

L'Eglife de l'*Oratoire de Jefus*, dit Seminaire de S. Magloire, dans la grande rue du Fauxbourg S. Jacques.

P

L'Eglife paroiffiale de *S. Paul*, dans la rue faint Antoine.

L'Eglife paroiffiale de *S. Pierre des Arcis*, rue de la vieille Draperie, quartier de la Cité.

L'Eglife paroiffiale de *S. Pierre aux Bœufs*, dans la rue du même nom.

L'Eglife de l'Abbaye de *Penthemont*,

rue de Grenelle, au Fauxbourg saint Germain.

L'Eglise des Religieux *Péniteus de Nazareth*, vis-à-vis le Temple.

L'Eglise des *Pénitens de Belleville*, à Belleville.

L'Eglise des *Prémontrés*, au haut de la rue Haute-feüille.

L'Eglise des *Prémontrés Reformés*, au Carrefour & Marché de la Croix rouge, au Fauxbourg saint Germain.

La Communauté des Filles de la *Providence*, rue de l'Arbalêtre, au Fauxbourg saint Marcel.

L'Eglise des Religieux de *Picpus*, au village de Picpus.

La Chapelle de *S. Pierre aux Liens*, au grand Hôpital.

L'Eglise de *S. Pierre de Chaillot*, à Chaillot.

L'Eglise des Religieuses du *Port-Royal*, rue de la Bourbe, au Faubourg saint Jacques.

L'Eglise des Religieuses de la *Présentation*, rue des Postes.

La Communauté des *Pauvres Prêtres*, rue de la Clef, au Fauxbourg saint Marcel.

La Communauté de *Ste Pelagie*, au Fauxbourg saint Marcel, à la place du Puits-l'Hermite.

R

L'Eglise des *Recollets*, vis-à-vis saint Laurent, au Faubourg du même nom.

L'Eglise des *Recollettes*, ou Annonciades : voyez cy-devant A.

La Chapelle de la *Reine*, rue Coquilliere.

L'Eglise paroissiale de *S. Roch*, rue saint Honoré.

S

L'Eglise paroissiale de *S. Sauveur*, dans la rue saint Denis.

L'Eglise paroissiale de *S. Severin*, rue du même nom.

L'Eglise paroissiale de *S. Sulpice*, au Fauxbourg saint Germain.

L'Eglise des Religieuses du *S. Sacrement*, à la porte Montmartre.

L'Eglise du *Sang prétieux*, dans la grande rue de Vaugirard.

La Chapelle de l'Hotel *Seguier*, dans le même Hotel.

La Chapelle du *Séminaire des Missions étrangeres*, rue du Bac.

L'Eglise Collegiale du *S. Sépulchre*, dans la rue saint Denis.

L'Eglise de *Sorbonne*, dans la place de Sorbonne.

L'Eglise du *Séminaire des bons Enfans*, rue saint Victor.

T

L'Eglise de la Commanderie du *Temple*, dans l'enclos du même nom.

L'Eglise des Filles *S. Thomas*, au Marais du Temple.

L'Eglise *S. Thomas du Louvre*, rue du même nom, vis-à-vis les galleries du Louvre.

L'Eglise des *Théatins*, au bout du Pont Royal.

L'Eglise des Filles *S. Thomas*, dans la rue neuve saint Augustin.

V

La Chapelle de *Ste Valere*, rue de l'Ourfine, au Faubourg faint Marcel.

L'Eglise du *Verbe Incarné*, dans la rue du Gril, au Faubourg saint Marcel.

L'Eglise & Abbaye *S. Victor*, dans la rue & Fauxbourg du même nom.

L'Eglise du *Val-de-Grace*, au haut du Fauxbourg saint Jacques.

L'Eglise des Religieuses de la *Victoire*, à Picpus.

L'Eglise de la *Visitation*, rue du Bac, au Fauxbourg saint Germain.

L'Eglise de la *Visitation*, à Chaillot.

L'Eglise de la *Visitation de Ste Marie*, rue saint Antoine.

V

L'Eglife de la *Vifitation de Ste Marie*, au Fauxbourg faint Jacques.

La Communauté de l'*Union Chrétienne*, à la Ville-neuve.

L'Eglife des *Urfulines*, dans la rue fainte Avoye.

La Chapelle de l'*Union Chrétienne*, à Charonne.

L'Eglife des *Urfulines*, dans la grande rue du Fauxbourg faint Jacques.

Y

L'Eglife de *S. Yves*, dans la rue faint Jacques, au coin de la rue des Noyers.

Outre ces Eglifes, il y a encore des Chapelles dans les Hopitaux & dans les Colléges, que l'on a foin de parer magnifiquement les jours d'Indulgence, & où le Peuple affifte en foule.

LES HOPITAUX DE LA VILLE & Fauxbourgs de Paris.

A

HOpital des Filles de *Ste Anastase*, ou de saint Gervais, dans la vieille rue du Temple, vis-à-vis les Blancs-manteaux.

C

Hopital de *Ste Catherine*, dans la rue saint Denis, au coin de la rue des Lombards.

Hopital de la *Charité des Hommes*, au coin de la rue de Taranne.

Hopital de la *Charité des Femmes*, dans le Cul de sac de la rue du Foin, auprès de la Place Royale.

E

Hopital des *Enfans trouvés*, sous la protection de l'Enfant Jesus, rue neuve Notre-Dame.

Hopital des *Enfans trouvés*, dans la grande rue du Fauxbourg saint Antoine.

Hopital des *Enfans rouges*, rue Porte-foin, près le Temple.

Hopital des *Enfans teigneux*, rue de Belle-chasse, au Fauxbourg saint Germain.

H

Hospitalieres de la Roquette, ou de la Raquette, au bout de la rue de Charonne.

L'*Hôtel-Dieu de Paris*, dans la rue neuve Notre-Dame.

I

Hopital de *S. Jacques*, dans la rue saint Denis, au coin de la rue Monconseil.

Hopital de *S. Jean-Baptiste*, ou du Château de Bissêtre, hors la Ville, sur le chemin de Ville-Juif.

Hopital des *Incurables*, dans la rue de Séve, au Fauxbourg saint Germain.

L

Hopital de *S. Loüis*, au Fauxbourg saint Laurent, derriere les Recollets.

Hopital de *S. Loüis*, ou de la Salpêtriere, au bout du Fauxbourg saint Victor.

M

Hopital de *Ste Magdelaine de Rege*, dépendant du grand Hopital.

Hopital des *petites Maisons*, dans la rue de Séve, au Fauxbourg saint Germain.

Hopital des Filles de la *Misericorde de Jesus*, sous l'invocation de saint Julien, dans la grande rue du Fauxbourg saint Marcel.

Hopital de *Ste Marthe*, dépendant du grand Hopital, dans la rue de la Barre, au Fauxbourg saint Marcel.

N

Hopital de *Notre-Dame de la Pitié*, à l'entrée du Fauxbourg saint Victor.

Q

Hopital des *Quinze-vingt*, rue saint Honoré, auprès du Palais Royal.

S

Hopital de la *Santé*, dit de Ste Anne, hors le Fauxbourg saint Marcel, au bout de la rue des Vignes.

T

Hopital de la *Trinité*, dit des *Enfans bleus*, dans la rue saint Denis.

LES COLLEGES ET ECOLES
publiques de Paris.

A

LE College d'*Albret*, qui étoit autrefois rue des Sept-voyes, n'éxiste plus. Il y reste encore auprès une cour qui porte ce nom.

Le College des *Allemands*, dans la rue Traversine, au-dessous du College de Navarre.

Le College d'*Autun*, rue & quartier saint André des Arts.

Le College d'*Arras*, dans la rue d'Arras, quartier de la place Maubert.

Le College de l'*Ave Maria*, dans le Carré saint Etienne du Mont.

B

Le College *Ste Barbe*, au bout de la rue Chartiere.

Le College de *Bayeux*, dans la rue de la Harpe.

Le College de *Becourt*, ou de Boncourt, dans la rue Bordet.

Le College de *Beauvais*, ou de Dormans, dans la rue saint Jean de Beauvais.

B

Le College des *Bernardins*, dans la rue des Bernardins.

Le College de *Boissy*, dans la rue du Cimetiere saint André des Arts.

Le College de *Bourgogne*, dans la rue des Cordeliers.

C

Les Ecoles de *Chirurgie*, dans la rue des Cordeliers.

Le College de *Calvy*, enclavé dans la maison de Sorbonne.

Le College de *Cambray* sur la place du même nom, au haut de la rue saint Jacques.

Le College du *Cardinal le Moine*, dans la rue saint Victor.

Le College de *Cornoüaille*, dans la rue du Plâtre.

Le College des *Cholets*, dans la rue du même nom, ou surnommée saint Symphorien des vignes.

Le College de *Cluny*, sur la Place de Sorbonne.

Le College de *Coqueret*, où est à présent un faiseur de Carton, dans la rue Chartiere

D

Le College de *Daimville*, rue des Cordeliers.

D

Le College des *Dix-huit*, réüni à la maison de Sorbonne.

Les grandes Ecoles du *Droit Canon*, dans la rue saint Jean de Beauvais.

E

Le College des *Ecossois*, sur les fossez de saint Victor.

F

Le College de *Fortet*, dans la rue des Sept-voyes.

G

Le College Royal de *Me Gervais Chrétien*, dans la rue du Foin, près la rue saint Jacques.

Le College de *Grammont*, ou Mignon, vis-à-vis les Cordeliers, dans la rue du même nom.

Le College des *Grassins*, ou d'Ablon, dans la rue des Amandiers, proche sainte Geneviéve.

H

Le College d'*Harcourt*, dans la rue de la Harpe.

J

Le College des *Jésuites*, au haut de la rue saint Jacques.

J

L'Ecole du *Jardin Royal des Plantes*, dans la rue du Fauxbourg saint Victor.

Le College de *Justice*, dans la rue de la Harpe, auprès de l'Eglise de saint Côme.

L

Le College de *Laon*, à la montagne sainte Geneviéve.

Le Petit College de *Laon*, près saint Hylaire du Mont.

Le College de *Lisieux*, dans la rue saint Etienne des Grecs.

Le College des *Lombards*, ou des Hybernois, au haut de la rue des Carmes.

M

Le College de la *Marche*, & de Winville, à la montagne sainte Geneviéve.

Le College du *Mans*, à la Porte saint Michel.

Le College de *Marmoutier*, enclavé dans celui des Jésuites, au haut de la rue saint Jacques.

Le College *Mazarin*, dit des Quatre Nations, sur le quay du même nom, fondé par son Eminence le Cardinal Jules Mazarin.

M

Le College de *Médecine*, dans la rue de la Bucherie.

Le College de la *Mercy*, derriére saint Hylaire du Mont.

Le College de *S. Michel*, dans la rue de Biévre.

Le College de *Montaigu*, au haut de la rue des Sept-voyes.

N

Le College de *Navarre*, à la montagne sainte Geneviéve.

Le College de *Narbonne*, rue de la Harpe.

P

Le College du *Pleſſis-Sorbonne*, dans la rue saint Jacques.

Le College des *Prémontrés*, dans la rue Haute-feuille.

Le College de *Preſle*, au bas de la rue des Carmes.

R

Le College de *Reims*, dans la rue des Sept-voyes.

Le College *Royal*, sur la Place du même même nom, aboutiſſante dans la rue saint Jacques.

L

S

Le College de *Sorbonne*, au haut de la rue de la Harpe.

Le College de *Sées*, au haut de la rue de la Harpe.

T

Le College de *Tournay*, réüni au College de Navarre, dans la rue Bordet.

Le College de *Tours*, dans la rue Serpente.

Le College des *Thréforiers*, rue du même nom, ou rue neuve de Richelieu, au haut de la rue de la Harpe.

V

Le College de *S. Vaaſt*, autrement dit d'Arras : voyez A ci-devant.

LES ACADEMIES DE PARIS.

IL y pluſieurs Academies établies par les Roys dans cette grande Ville pour la facilité de ceux qui veulent s'appliquer aux beaux Arts. Loüis XIV. a beaucoup contribué à les faire fleurir par les récompenſes qu'il a attachées au merite.

Les Academies

La premiere est l'Academie Royale des *Sciences*, qui est dans le Louvre. Il n'est pas besoin de dire ici combien les membres de cette Academie se sont acquis d'honneur & de réputation par les sçavans ouvrages qui sont sortis de leur plume. Personne n'ignore que c'est à cet illustre Corps que nous devons la pureté de notre Langue.

La seconde est l'Academie des *Inscriptions* ou des Medailles ; elle est établie au Louvre.

Les autres sont celles d'*Architecture*, de *Peinture*, de *Sculpture* & de *Danse* : elles sont aussi dans le Louvre.

Il y a d'autres Academies Royales de *Peinture* & de *Sculpture*, proche l'Hôtel de Biron, derriére le Palais Royal. Depuis que les Rois ont établi ces Academies, on a vû paroître de tems à autre des ouvrages achevez tant de Peinture que de Sculpture, & on en trouve presque dans toutes les Villes du Royaume.

L'Academie des *Mathématiques*, appellée l'Observatoire, hors la fausse porte S. Jacques. Il y a un très-beau Bâtiment construit en platte forme sous le règne & par les ordres de

L 2

Loüis XIV. A côté est le Château des Eaux, qui est la décharge de l'Aqueduc d'Arcüeil.

Voici d'autres Academies pour apprendre à la jeune Noblesse tous les Exercices Militaires.

La premiere est vis-à-vis la porte du Seminaire Saint Sulpice, au Fauxbourg saint Germain.

L'autre appellée de Grandpré ou de Beaufort, est dans la rue de Seine, au Fauxbourg saint Germain.

La troisiéme se tient au Carrefour S. Benoît, au Fauxbourg S. Germain.

Il y a encore sur le Boulevart de la porte Saint Antoine une Academie d'Arquebuse & d'Arbalêtre pour les Bourgeois de Paris.

LES BIBLIOTHEQUES
publiques.

LA Bibliotheque de *S. Victor*, dans l'Abbaye du même nom; elle est ouverte au Public les Lundis, Mercredis & Samedis.

La Bibliotheque du *College des Quatre-Nations*, dans le même College; elle est ouverte les Lundis & Jeudis.

La Bibliotheque de *M. de Riparfond*, dans une des Sales de l'Archevêché; elle est ouverte deux fois la semaine.

LES BIBLIOTHEQUES particulieres.

LA Bibliotheque du *Roy*, dans la rue Vivien.

La Bibliotheque de l'*Abbaye S. Germain des Prez*, dans ladite Abbaye.

La Bibliotheque du *Prieuré de Saint Martin*, à saint Martin.

La Bibliotheque de *Ste Geneviéve du Mont*, dans l'Abbaye du même nom.

La Bibliotheque de *Sorbonne*, dans la maison de Sorbonne.

La Bibliotheque des *Peres Célestins*.

La Bibliotheque des *Augustins Déchaussez*, à la place des Victoires.

La Bibliotheque de *M. de Seignelay*.

La Bibliotheque de *M. l'Abbé Bignon*.

La Bibliotheque de *M. le Cardinal de Rohan*.

La Bibliotheque de *M. Foucault*, Conseiller d'Etat.

LES BOETES POUR les Lettres.

IL faut remarquer que par raport à la vaste étenduë de Paris, & pour la commodité de ceux qui demeurent aux extrémités de cette Ville, on a été obligé de distribuer dans diferens quartiers sept Boëtes pour les Lettres.

La premiere est dans la Cour du Palais de Justice, quartier de la Cité.

La seconde est dans la rue S. Jacques, au coin de la rue du Plâtre, chez un Epicier, quartier S. Severin.

La troisiéme est au milieu de la Place Maubert, vis-à-vis la Fontaine, à l'Image S. François.

La quatriéme est au Fauxbourg S. Germain, au coin du Jeu de Paume de Mets, chez un Parfumeur.

La cinquiéme est dans la rue saint Honoré, auprès des Quinze-vingt, chez un Pottier d'Etaïn, vis-à-vis la rue Saint Nicaise.

La sixiéme est au bout de la rue aux Ours, du côté de la rue S. Martin, chez un Epicier.

La septiéme est dans la rue S. Antoine, vis-à-vis la rue Geoffroy-Lasnier, chez un Patissier, à l'Enseigne du petit Louvre couronné.

On retire trois fois par jour les Lettres de ces differens Bureaux ; sçavoir, à huit heures du matin, à Midi, & à huit heures du soir en Hyver, & à neuf en Eté : ainsi lorsque les Lettres ne sont pas portées à ces heures-là, elles restent pour l'ordinaire suivant.

Outre ces Boëtes, il y a le Bureau Général que l'on appelle la grande Poste. Il est dans la rue des Déchargeurs, quartier Ste Opportune. C'est là qu'on apporte toutes les Lettres qu'on retire des Bureaux dispersés par la Ville. C'est là qu'arrivent tous les Paquets, tant du Royaume que des Païs étrangers. Il y a dans cet endroit là un Bureau où l'on affranchi le port des Paquets ou Lettres qui doivent ou sortir de France, ou y rester. Les prix de ces ports sont marqués suivant la distance des Lieux.

On averti le Public, premierement que les Couriers pour la Cour, lorsqu'elle est à Versailles, Marly, saint Germain en Laye & Fontainebleau, partent tous les jours à huit heures du soir, & que ceux pour S. Germain, Poiſſy Neüilly & Chatou partent tous les jours à midi.

Secondement, qu'il faut avoir ſoin d'acquitter au Bureau les ports de tous les Paquets ou Lettres qui s'addreſſent aux Avocats, Procureurs & autres Gens d'affaires, pour qu'ils ſoient rendus ponctuellement.

Troiſiémement, que ſi l'on veut que les Lettres ſoient exactement portées, il en faut écrire correctement l'adreſſe, & ſpecifier deſſus les Routes & Provinces. Pour les Gens de guerre, il faut prendre garde de bien marquer le Régiment, le Bataillon, & la Compagnie, faute de quoi les Paquets ou Lettres reſtent au rebus.

LES BARRIERES DES
Huiſſiers à Verges & de Police au Châtelet de Paris, comme auſſi des Huiſſiers à cheval audit Châtelet qui peuvent exploiter à la Police.

UNe Barriére au milieu du Marché neuf, derriére la Croix.

Une au milieu de la Place Maubert, adoſſée à la Fontaine.

Les Barriéres des Huissiers.

Une jointe au petit Châtelet.

Une au milieu du Pont Marie.

Une au milieu de la rue S. Antoine, vis-à-vis la rue S. Paul.

Une au milieu du Cimetiere saint Jean, adossée à à la Fontaine.

Une, rue S. Martin, devant S. Nicolas des Champs.

Une, rue S. Denis, adossée à saint Jacques de l'Hôpital.

Une à l'entrée de la rue Comtesse d'Artois, à la pointe S. Eustache.

Une, rue S. Honoré, vis-à-vis les Peres de l'Oratoire.

Une à la porte de Paris, proche le grand Châtelet.

Une au bout du Pont Neuf, du côté du Quay, de la Megisserie ou de la vieille Ferraille.

Une au petit Marché du Faubourg S. Germain, auprès de la Fontaine.

On trouve à toutes heures à ces Barrieres des Huissiers ou Recors.

LES BUREAUX DU *Papier Timbré.*

LE Premier, à l'Hôtel de Charny, rue des Barres, derriére saint Gervais.

Le second, rue des Prouvaires, vis-à-vis saint Eustache.

Le troisiéme, dans la rue Galande, proche la Place Maubert.

Le quatriéme, dans la rue de la Vannerie, proche la Gréve.

Le cinquiéme, dans la rue des fossez S. Germain des Prez.

Le sixiéme, dans la rue des Petits Champs, proche la Croix.

LES FOIRES DE PARIS.

LA Foire *S. Germain*, au Faubourg S. Germain des Prez; elle commence le lendemain de la Chandeleur, & finit au Dimanche des Rameaux.

La Foire *S. Laurent*, au Faubourg saint Laurent, vis-àvis saint Lazare; elle commence le 10. d'Août, & dure six semaines.

La Foire *S. Clair*, dans la rue saint Victor; elle commence le 18. Juillet, & dure huit jours.

La Foire *S. Ovide*, devant l'Eglise des Capucines; elle commence le 30. Août, & dure neuf jours.

La Foire *Ste Geneviéve* commence

Les Foires de Paris. 251

le trois de Janvier, & dure huit jours.

La Foire *Ste Catherine*, dans la rue S. Denis; elle commence le 25. Novembre, & dure huit jours.

La Foire aux Jambons, Porcs frais & salé, dans la rue neuve Notre-Dame, elle se tient le Jeudi de la Semaine Sainte, & ne dure qu'un jour.

La Foire aux Oignons, & autres Legumes qui se tenoit autrefois dans la rue neuve Notre-Dame, se tient à present sur le quay de Bourbon; elle commence le lendemain de la Notre-Dame de Septembre, & finit le premier d'Octobre.

F I N.

A TROYES,

De l'Imprimerie de JACQUES LE FEBVRE, dans la grande rue, au grand saint Augustin.

PRIVILEGE DU ROI.

LOUIS PAR LA GRACE DE DIEU, ROI DE FRANCE ET DE NAVARRE, A nos Amés & féaux Conseillers, les gens tenans nos Cours de Parlement, Maîtres des Requêtes ordinaires de notre Hôtel, Grand Conseil, Prevôt de Paris, Baillifs, Senechaux, leurs Lieutenans Civils & autres nos Justiciers qu'il apartiendra. SALUT, Notre bien amée ELIZABETH GAUDIN, Nous ayant fait remontrer qu'elle souhaiteroit faire imprimer & donner au Public un Livre qui a pour titre *La Ville de Paris avec les noms de ses Rues, Fauxbourgs, &c. par le S. Collet, revuë, corrigée & augmentée par ladite Demoiselle Gaudin*; s'il Nous plaisoit lui accorder nos Lettres de Privilège sur ce nécessaires : A CES CAUSES, voulant favorablement traiter ladite Exposante; Nous lui avons permis & permettons par ces Présentes de faire imprimer ledit Livre en telle forme, marge, caractéres en un ou plusieurs Volumes conjointement, séparément & autant de fois que bon lui semblera, & de le vendre, faire vendre & débiter par tout notre Roïaume pendant le temps de six années consécutives, à compter du jour de la date desdites Présentes; Faisons défense à toutes sortes de personnes de quelque qualité & condition qu'elles soient, d'en introduire d'Impression étrangère dans aucun lieu de notre obéïssance; comme aussi à tous Imprimeurs, Libraires & autres d'imprimer, faire imprimer, vendre, faire vendre & débiter, ni contrefaire ledit Livre en tout ni en partie, ni d'en faire aucun Extrait sous quelque prétexte que ce soit d'augmentation, correction, changement de titre ou autrement sans la permission expresse, & par écrit de ladite Exposante ou ceux qui auront droit d'Elle, à peine de confiscation des Exemplaires contrefaits, de quinze cens livres d'amende contre chacun des Contrevenans, dont un tiers à Nous, un tiers à l'Hôtel-Dieu de Paris, l'autre tiers à ladite Exposante, de tous dépens, dommages & intérêts : A la charge que ces Présentes seront enregistrées tout au long sur le Registre de la Communauté des Libraires & Imprimeurs de Paris, & ce dans trois mois de la date d'Icelles ; que l'impression de ce Livre sera faite dans notre Roiaume & non ailleurs, en bon papier & en beaux caracteres, conformément aux Réglemens de la Librairie, & qu'avant de l'exposer en vente, le manuscrit ou imprimé qui aura servi de Copie à l'Impression dudit Livre, sera remis dans le même état où l'aprobation y aura été donnée és mains de notre très-cher & féal Chevalier Chancélier de France le sieur Daguesseau, & qu'il en sera ensuite remis deux Exemplaires dans notre Bibliotheque publique, un dans celle de notre Château du Louvre, & un dans celle de notredit très cher & féal Chevalier Chancélier de France le sieur Daguesseau, le tout à peine de nullité des Présentes ; du contenu desquelles Nous mandons & enjoignons de faire jouïr l'Exposante ou ses ayans causes pleinement & paisiblement, sans souffrir qu'il leur soit fait aucun trouble ou empêchement ; Voulons que la Copie desdites Présentes qui sera imprimée tout au long au commencement ou à la fin dudit Livre, soit tenuë pour duëment signifiée, & qu'aux Copies collationnées par l'un de nos amez & féaux Conseillers & Secretaires, foi soit ajoutée comme à l'Original. Commandons au premier notre Huissier ou

Sergent de faire pour l'exécution d'icelles tous Actes requis & nécessaires, sans demander autre permission, & nonobstant Clameur de Haro, Chartre Normande & Lettres à ce contraires. CAR TEL EST NOTRE PLAISIR. DONNE' à Paris le vingtiéme jour de Mars mil sept cens vingt-un, & de notre Regne le sixiéme.

Par le Roi en son Conseil,

CARPOT.

Regiſtré ſur le Regiſtre IV. de la Communauté des Libraires & Imprimeurs de Paris, pag. 714. N°. 773. Conformément aux Reglemens & notamment à l'Arrêt du Conſeil du 13. Août 1703. à Paris le 27. Mars 1721.

Signé, DELAULNE, Syndic.

Je souſſigné reconnois avoir cedé à Monſieur le Febvre, Imprimeur & Marchand Libraire à Troyes mon droit du preſent Privilege, ſuivant l'accord fait entre Nous. Fait à Paris ce 21. Août mil ſept cent vingt-un.

E. GAUDIN.

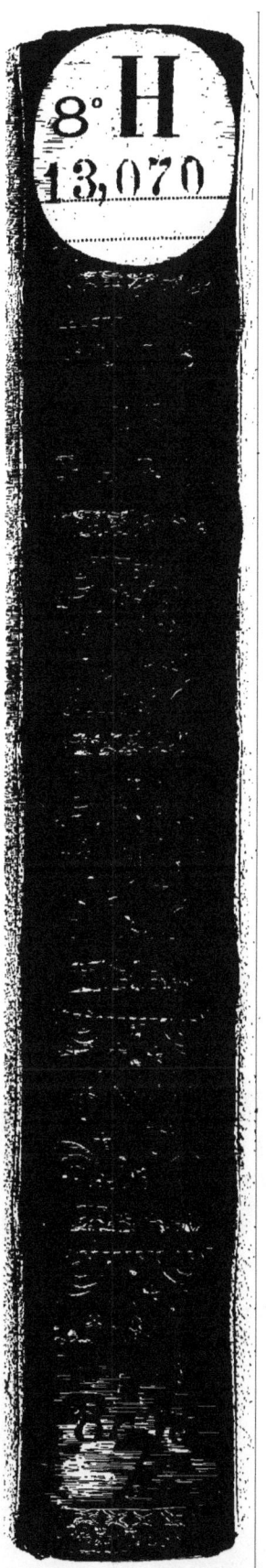

www.ingramcontent.com/pod-product-compliance
Lightning Source LLC
Chambersburg PA
CBHW050642170426
43200CB00008B/1126